교사 중심의
제7차 초등영어 교육과정 심층분석

교사 중심의
제7차 초등영어 교육과정 심층분석

1판 1쇄 인쇄 ‖ 2009년 04월 20일
1판 1쇄 발행 ‖ 2009년 04월 30일

지은이 ‖ 김 영 철
펴낸이 ‖ 홍 정 표
펴낸곳 ‖ 글로벌콘텐츠

등 록 ‖ 제25100-2008-24호
주 소 ‖ 서울특별시 강동구 길동 349-6 정일빌딩 401호
전 화 ‖ 02-488-3280
팩 스 ‖ 02-488-3281
이메일 ‖ tohong@paran.com

값 12,000원

ISBN 978-89-961466-7-4 93740

교사 중심의

제7차 초등영어 교육과정 심층분석

김 영 철 지음

글로벌콘텐츠

이 책을 내면서

요즈음 초등학교 선생님들이 학교의 초등영어에 대해서 어떻게 생각하고 있을까? 이 책을 읽는 독자라면 누구나 한 번쯤은 이러한 생각을 해 보았을 것입니다. 이 책은 이러한 궁금증에 대한 해결책을 제시하기 위하여 만들어진 책입니다.

이 책에서는 연구자의 관점에서 초등학교 선생님들이 현 교육과정에 대해서 어떻게 생각하고 있는지를 교육목표, 교육내용, 교수·학습방법, 평가의 관점에서 살펴보았습니다. 이를 위하여 양적 연구로서 현 교육과정에 대한 설문 문항들을 만들어 설문조사를 실시하였고, 질적 연구로 수업관찰과 심층면담을 실시하여 현 교육과정의 여러 사항들을 통합적으로 관찰하고 기술하였습니다.

교육과정에 관한 제반 사항들을 설문조사만 하였을 때에는 현장의 선생님들이 마음에 담고 있는 생각들을 충분히 표현하기가 어렵다고 여겨집니다. 따라서 반구조화된 설문지를 만들어 반구조화된 심층면담을 실시하였고, 이를 통하여 교육과정에 대한 제반 사항들을 심층적으로 살펴보았으며, 아울러 수업관찰도 실시하여 제7차 초등영어 교육과정에 관한 현장의 여러가지 사항들을 종합적으로 살펴보고 기술하였습니다.

이 책에서는 초등영어 수준별 수업, 과업 중심 수업, 문화교육, 학년별 성취 기준 인식, 현행 교육과정 만족, 문자언어교육, 초등영어교육의 시들해짐 여부, 전담 또는 담임교사의 영어교육, 듣기·말하기·읽기·쓰기 기능의 분리 또는 통합교육, 영어

교육의 3학년 또는 1학년 실시, 유치원 영어교육, 초등영어 사교육, 주당 시수 확장, 문자언어 강화, 오락성 수업 재해석, 단일 문장의 길이 제한 폐지, 어휘 수 확장, 수준별 수업 기준, 문화교육 실시 불가 이유, 초등영어 평가, 초등영어에 관한 공교육 활성화 방안, 초등영어의 문제점과 개선 방향, 문자언어 수업 중 어려운 점, 초등영어교육이 처음보다 시들해졌다면 그 이유, 초등영어 사교육의 장점과 단점, 1학년부터 실시하고자 한다면 그 이유, 현 교육과정의 수업 중 가장 어려웠던 점, 현 교육과정의 가장 큰 문제점 등을 설문 문항들과 심층면담, 수업관찰을 통하여 심도 있게 살펴보았습니다.

아무쪼록 이 책이 현 초등영어 교육과정에 대한 선생님들의 생각을 반영한 만큼 민심이 천심이듯이 교육의 현장에 선생님들의 마음이 잘 반영되어 앞으로 초등영어 교육과정에 큰 도움이 되길 바랍니다.

2009년 4월

저자 씀

차 례

1 연구의 필요성 및 목적

제1장 연구의 필요성 및 목적

2005년 10월 교육과정 개정 시안에 대한 공청회가 교육과정평가원에서 열렸고, 교육인적자원부는 앞으로 수시로 교육과정에 대한 연구들을 받아들여 다음 차시에 반영하기로 하였다(김상재, 2005). 이 연구는 이러한 연장선에서 출발하였다.

흔히 교육을 '백년지대계百年之大計'라고들 한다. 이 말은 교육계획을 수립할 때 적어도 백년 앞을 내다보고 세워야 한다는 뜻이다. 한 번 교육계획을 수립하면 장기적인 안목으로 그 실행을 지켜보아야 교육의 효과가 있는지를 알 수 있다는 뜻일 것이다. 교육계획을 사전 준비 없이 수립하여 그 실행 단계에서 너무 자주 바꾼다면 현장의 교사와 학습자들은 혼란스러워할 것이고, 그 계획은 실행 단계에서 '사상누각沙上樓閣'에 불과하게 될 것이다. 우리나라 교육과정도 이와 마찬가지일 것이다. 현장의 상황을 정확히 반영하지 못하고 교육과정을 수립한다든지 너무 성급하게 현장의 상황을 판단해서 다음 차시의 교육과정을 수립한다면 이 또한 교육과정이 실행 단계에서 사상누각에 불과하게 될 것이다. 특히 우리나라 초등영어 교육과정은 2001년에 3학년과 4학년의 교과서가 7차 교육과정으로 바뀌고,

2002년에 5학년과 6학년의 교과서가 7차 교육과정으로 바뀌면서 현장에서 실시되고 있지만 사교육의 만연에 따른 지역별 차이(김진철과 박기화, 1999; 백금숙, 2000; 오순임, 2000; 임찬빈과 전애리, 2002)와 영어가 9개의 과목에 1개의 과목이 추가된 것이라는 교사들의 인식 및 교육경력별에 따른 영어 능력의 차이(김영철, 2004) 등 많은 복합적인 요인들을 안고 있는 것이 사실이다. 이러한 상황에서 현장에 대한 성급한 판단은 자칫 다음 차시의 교육과정 준비에 부실을 초래할 우려가 있다. 따라서 현 교육과정에 대한 정확한 인식과 판단이 있어야 할 것으로 여겨진다. 이를 위해서는 지역적인 한계가 없는 전국적인 연구를 통해 보다 객관적이고 타당한 연구 결과가 있어야 한다고 본다.

그 동안 제7차 초등영어 교육과정은 현장 교사들 및 소수의 연구자들을 중심으로 교과서 분석(김영숙, 2002; 김진철, 2003; 박영예, 2003; 오연화, 2001; 이성뢰, 2002; 이효은, 2001; 장은영, 2002), 어휘 분석(김소영, 2001; 박정애, 2001; 이찬현, 2001), CD-ROM 활용(김송희, 2002; 김장규와 윤지여, 2002; 성춘자, 2001; 안현모, 2001; 임춘희, 2004) 및 문화교육(노현수, 2001; 박옥희, 2003; 박유신, 2001; 이영희, 2002) 등 교육과정의 일부 항목들을 중심으로 이루어져 왔고, 최근에 와서야 제7차 초등영어 교육과정 전반에 관한 연구가 이루어지기 시작했다.

지금까지의 제7차 초등영어 교육과정 전반에 관한 연구로는 대전광역시와 충청남도의 교사와 장학사들을 대상으로 한 설문조사를 통한 양적 연구(김영철, 2004)와 서울특별시, 강원도, 경상남도의 교사와 장학사들을 대상으로 한 설문조사를 통한 양적 연구와 수업관찰을 통한 질적 연구(최진황과 이윤, 2004)가 있다. 김영철(2004)의 연구는 교사와 장학사들을 대상으로 현 교육과정에 대해 설문조사를 실시했지만, 현 교육과정에 대한 설문조사만으로는 연구의 한계가 있어서 설문조사를 보완할 수 있는 심층면담 등을 이용한 보다 내실 있는 질적 연구를 하지 않았다는 것과 지역적인 한계가 있어서 일반화하는데 무리가 있다는 것이 아쉬움으로 남는다. 또한 최진황과 이윤(2004)의 연구는 이보다 더 진보하여 양적 연구와 질적 연구를 하였지만 서울특별시와 강원도 및 경상남도 지역만을 포함한 지역적인 한계와 교육과정 개발 과정 및 개발 내용에 초점이 맞추어져 현장에서 실제로 제7차 초등영어 교육과정의 교육목표, 교육내용, 교수·학습방법 및 평가가 어떻게 구체적으로 진행되고 있는지를 정확하게 파악하기에는 어려움이 있다.

따라서 본 연구에서는 교육과정의 전반적인 진행 절차를 알아보기 위하여 설문조사서와 반구조화된 심층면담지를 통하여 전국의 교사들을 대상으로 양적 연구와 질적 연구를 병행하여 실시하였다.

이를 위하여 현장에서 제7차 초등영어 교육과정의 교육목표, 교육내용, 교수·학습방법 및 평가가 어떻게 실행되고 있는지를 설문조사서를 통하여 알아보았다. 하지만 설문조사만으로는 교사들의 주관적인 판단이 개입될 여지가 많고, 정확한 현장의 상황을 파악하기에는 어려움이 있으므로 이와 병행하여 제7차 초등영어 교육과정의 전체적인 구성 틀인 '교육과정의 재구성', '학습자 중심 수업', '다양화와 특성화'의 측면에서 반구조화된 면담지를 만들어 설문조사서를 보완하면서 심층면담을 함으로써 이 연구의 객관성을 확보할 필요가 있다고 본다.

이러한 필요성에 의해서 본 연구의 목적은 먼저 현재 실시되고 있는 제7차 초등영어 교육과정에 대한 양적 연구로서, 전국의 현장 교사들이 현 교육과정의 교육목표, 교육내용, 교수·학습방법 및 평가의 구체적인 실행에 대해 어떻게 생각하고 있는지를 19문항의 5점 척도 설문 문항들과 11문항의 개방형 설문 문항들 및 2문항의 선택형 설문 문항들을 통하여 알아보려는 것이다. 그런 다음 질적 연구로서, 제7차 초등영어 교육과정의 관련 자료들과 수업관찰을 통한 심층면담을 이용하여 현 교육과정에 대하여 보다 객관적이고 타당한 고찰을 하고자 함이다. 이를 위하여 전국을 권역별로 나누어 수도권, 충청권, 호남권, 영남권, 제주권에 근무하고 있는 초등학교 교사 686명을 대상으로 연구자가 전문가의 자문을 통하여 개발한 설문조사를 실시한다. 이를 통하여 제7차 초등영어 교육과정에 대해서 현장 교사들이 권역별과 교육경력 및 남·여 성별, 그리고 학력별로 어떻게 생각하고 있으며, 차이가 있는지를 알아본다. 아울러 이 중에서 8명의 교사들을 선별하여 관련 자료수집과 참여 관찰 및 반구조화된 면담을 실시하여 설문조사가 가지고 있는 한계를 보완하며 보다 객관적이고 타당성이 있는 연구를 하고자 하였다.

2 연구 방법

1. 연구 대상
2. 연구 절차
3. 연구 구성 및 분석의 틀
4. 조사 도구
5. 조사 절차

제2장 연구 방법

본 연구의 목적은 제7차 초등영어 교육과정의 적용 현황을 살펴보고, 발전적인 방향을 제시하려는 데 있다. 이러한 연구 목적을 달성하기 위하여 양적 연구quantitative study와 함께 질적 연구qualitative study를 사용하였다. 먼저 양적 연구로써 전국의 초등학교 교사들을 지역별로 일정 비율씩 무선 표집하여 설문조사를 실시하고, 그 결과를 분석하였다. 또한 양적 연구만으로는 알 수가 없는 제7차 초등영어 교육과정의 현장 상황은 질적 연구인 심층면담법을 사용, 규명하여 양적 연구를 보완하였다. 이와 관련한 연구 방법으로 연구 대상, 연구 절차, 연구 구성 및 분석의 틀, 조사 도구, 조사 절차, 자료처리 방법은 다음과 같다.

1. 연구 대상

1.1 양적 연구

양적 연구의 대상은 수도권, 충청권, 호남권, 영남권, 제주권에 근무하고 있는 초등학교 교사 686명이었다. 표집 방법은 모든 요소가 동등하게 추출될 기회를 가지므로 모집단을 잘 대표할 수 있는 확률표집probability sampling인 단순무작위표집법simple random sampling을 이용하였다. 표집 인원은 수도권이 196명, 충청권이 124명, 호남권이 157명, 영남권이 174명, 제주권이 35명으로 총 686명이다.

1.2 질적 연구

질적 연구의 대상은 서울특별시의 교사 2명, 광역시의 교사 2명, 시지역의 교사 2명, 군지역의 교사 2명을 포함하여 총 8명이었다. 표집 방법은 모집단의 모든 요소들의 추출 확률을 모르는 경우의 표집 방법인 비확률표집non-probability sampling인 유의표집법purposive sampling을 이용하였다. 유의표집법은 판단표집법judgment sampling이라고도 하는데, 모집단을 전형적으로 대표한다고 판단되어지는 사례를 표본으로 선정하는 방법이다. 이 표집법은 연구자가 연구 목적 달성에 도움이 될 수 있는 구성 요소를 의도적으로 표본 추출할 수 있고, 모집단과 구성 요소에 대한 풍부한 사전 지식을 가지고 있을 때 유용하게 사용할 수 있으며, 무엇보다도 일반적인 결론을 도출할 목적보다는 특정 상황에 대한 심화된 자료를 얻고자 할 때 사용하는 방법이다.

질적 연구 대상자들을 10명 이내의 8명으로 한정한 가장 큰 이유는 연구자가 심층적으로 알고자 하는 자료수집에 있어서 시간과 비용을 절감할 수 있기 때문이다. 또한 연구 대상자들의 주관적인 견해가 개입되어 연구 결과가 잘못 도출될 수도 있는 양적 연구를 보완하고, 객관적이고도 정확한 심화 자료를 수집하기 위해서는 많은 연구 대상자들보다는 10명 이내의 연구 대상자들이 적절하기 때문이다.

2. 연구 절차

이 연구의 절차는 1단계로 전문가와 상의하여 제7차 초등영어 교육과정의 교육목표, 교육내용, 교수·학습방법, 평가에 관한 구체적인 설문조사서를 작성하고, 그런 다음 설문조사서를 토대로 제7차 초등영어 교육과정 분석 체계의 틀 안에서 심층면담지를 작성한다. 2단계로 양적 연구에 관한 설문조사와 3차에 걸친 질적 연구에 관한 심층면담을 실시한다. 마지막 단계로 이를 토대로 자료를 분석하고 결과를 이끌어낸다. 이를 그림으로 나타내면 다음 〈그림 1〉과 같다.

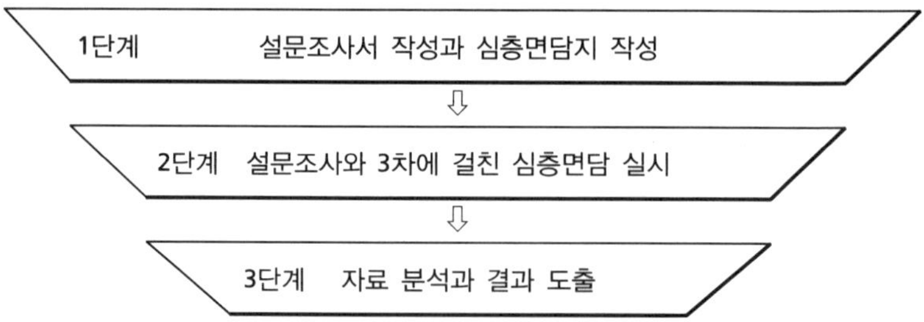

<그림 1> 연구 절차

3. 연구 구성 및 분석의 틀

양적 연구 구성 및 분석의 전체적인 틀은 최진황(2003)이 제시한 '교육과정 구성의 원리 및 실제'를 기초로 하였다. 이를 위하여 김영철(2004)이 사용한 설문조사서를 우리 교육현장에 더욱 타당성이 있도록 수정·보완하였다. 아울러 전문가의 상의를 거쳐 제7차 초등영어 교육과정의 교육목표, 교육내용, 교수·학습방법, 평가에 맞는 현장과 관련한 구체적인 설문 문항들로 작성하였다.

질적 연구 구성 및 분석의 전체적인 틀은 최진황과 이윤(2004)이 제시한 제7차 교육과정의 주요 골자인 '교육과정의 재구성', '학습자 중심 교육', '다양화와 특성화'의 측면에서 심층적으로 살펴보았다. 이를 토대로 양적 연구에서 흔히 나타나기 쉬운 설문조사 대상자들의 주관적인 판단을 수정·보완하여 객관적이고 체계적이며 합리적인 연구가 되도록 하였다.

교육과정 재구성의 측면에서는 국가 수준의 교육과정을 토대로 현장에서 교사들이 제7차 교육과정의 교육목표, 교육내용, 교수·학습방법, 평가에 관해서 어떻게 학습자들에게 재구성해서 사용하는지를 심층적으로 분석하였다. 학습자 중심 교육의 측면에서는 학습자들의 능력과 수준을 고려하고, 관심 및 흥미를 끌 수 있는 개인차에 맞는 수업이 이루어지고 있는지를 제7차 교육과정의 교육목표, 교육내용, 교수·학습방법, 평가에 관해서 심층적으로 살펴보았다. 다양화와 특성화 측면에서는 제7차 교육과정의 교육목표, 교육내용, 교수·학습방법, 평가가 국가 수준의 기본 교육과정을 기초로 지역 및 학교 실정에 맞게 어떻게 사용되는지를 심층면담을 통해 살펴보았다.

4. 조사 도구

4.1 양적 연구

제7차 초등영어 교육과정의 현황을 알아보기 위하여 이 연구에서 사용한 양적 연구의 조사 도구는 설문조사서이다. 이 연구에서 사용한 제7차 초등영어 교육과정에 대한 설문조사서의 구성 내용은 제7차 초등영어 교육과정의 교육목표, 교육내용, 교수·학습방법, 평가에 관해서 현장과 관련한 구체적인 설문 문항들로 작성하였으며 다음 〈표 1〉과 같다. 이 설문조사서는 제7차 초등영어 교육과정의 현황에 대해 일선 초등학교 현장 교사들의 진솔한 의견을 듣고 초등영어교육의 올바른 방향을 모색해 보기 위한 것으로, 조사 및 학문적 목적으로만 사용되어질 것이며, 신상에 관한 것은 공개하지 않았다.

이 설문조사서는 현장 교사들의 신변에 관한 것으로 특별시, 광역시, 시, 군의 지역과 직위, 나이, 성별, 학력, 교육 경력, 학년별 지도 경험, 영어교육 연수 경력을 포함하였다. 그 내용으로는 Likert의 5점 척도(“전혀 아니다” 1점, “아니다” 2점, “보통이다” 3점, “그렇다” 4점, “아주 그렇다” 5점) 설문 문항 19문항, 개방형 설문 문항 11문항 및 선택형 설문 문항 2문항으로 구성하였다. 현장 교사들이 개방형 문항으로 답하기 어렵다고 생각되는 문항들은 선택형 문항으로 작성하였다.

[표 1] 설문조사서의 구성 내용

구성 지표	구성 내용	문 항 수
개인적 특성	지역, 직위, 나이, 성별, 학력, 교육 경력, 학년별 지도 경험, 영어교육 연수 경력	8문항
5점 척도 설문 문항	수준별 수업, 과업 중심 수업, 문화교육, 학년별 성취 기준 인식, 현행 교육과정 만족, 문자언어교육, 초등영어교육의 시들해짐, 전담 또는 담임교사, 4기능의 분리 또는 통합교육, 3학년 또는 1학년 실시, 유치원 영어교육, 초등영어 사교육, 주당 시수 확장, 문자언어 강화, 오락성 수업 재해석, 단일 문장의 길이 제한 폐지, 어휘 수 확장	19문항
개방형 설문 문항	수준별 수업 기준, 문화교육 실시 불가 이유, 초등영어 평가, 초등영어에 관한 공교육 활성화 방안, 초등영어의 문제점과 개선 방향, 문자언어 수업 중 어려운 점, 초등영어교육이 처음보다 시들해졌다면 그 이유, 초등영어 사교육의 장점과 단점, 1학년부터 실시하고자 한다면 그 이유, 현 교육과정의 수업 중 가장 어려웠던 점, 현 교육과정의 가장 큰 문제점	11문항
선택형 설문 문항	수행평가의 평가 기준 확정 주체(교사 / 교사와 학생 / 교사와 학생 및 학부모), 현 교육과정의 권장 수업모형(ppp 수업모형 / 상황 중심 수업모형 / 과업 중심 수업모형 / TPR)	2문항
총		40문항

4.2 질적 연구

이 연구에서 질적 연구로 사용되어진 도구는 심층면담지이었다. 심층면담지는 양적 연구로 사용되어 진 제7차 초등영어 교육과정에 대한 설문조사서를 보충하고, 객관적이고 타당한 자료를 수집할 수 있도록 구성하였다. 전체적인 연구 구성 및 분석의 틀인 제7차 초등영어 교육과정의 재구성, 학습자 중심 교육, 다양화와 특성화의 측면에서 구조화된structured 면담지와 비구조화된non-structured 면담지의 장점을 이용한 반구조화된semi-structured 면담지를 이용하였다. 면담의 구조화란 면담에 관한 계획이나 문항이 사전에 결정되는 정도를 말한다. 면담은 구조화의 정도에 따라 구조화된 면담, 비구조화된 면담, 반구조화된 면담으로 분류될 수 있다. 구조화된 면담은 면담자가 면담지에 있는 모든 질문들을 정확하게 순서대로 질문해 나가는 방식이다. 비구조화된 면담은 사전에 결정된 질문 내용 없이 자유롭게 응답자의 반응에 따라 면담의 형식과 내용을 조절해 가는 방식이다. 반구조화된 면담은 구조화된 면담처럼 미리 만들어진 면담지를 사용하지만, 질문하는 방식에 융통성을 두고서, 가능하면 담당자의 의견을 많이 청취하면서 기본적인 내용을 조사할 수 있도록 실시하며, 담당자가 갖고 있는 지식을 보다 깊이 있고 폭넓게 제공 받을 수 있다.

이 연구에서 사용된 반구조화된 심층면담지는 내용의 타당도를 확보하기 위해 전문가의 검토를 거쳐 수정, 보완하여 내용을 구성하였다. 본 연구에 사용한 심층면담지의 구성 내용은 다음 〈표 2〉와 같으며, 구조화된 면담을 토대로 비구조화된 면담의 장점을 이용할 수 있는 반구조화된 면담을 할 수 있도록 내용을 구성하였다.

[표 2] 심층면담지의 구성 내용

구성 지표	구성 내용	문 항 수
개인적 특성	지역, 직위, 나이, 성별, 학력, 교육 경력, 학년별 지도 경험, 영어 교육 연수 경력	8 문항
수업 목표	교육과정의 재구성에 따른 수업 목표, 학습자 중심의 수준별 수업 목표, 그 지역의 특성 및 학습자들의 다양화에 초점을 맞춘 수업 목표	9 문항
수업 내용	타교과목을 활용한 통합 영어교육, ESL 자료를 이용한 읽기와 쓰기 보충 및 심화 문자교육 등 교육과정의 재구성에 따른 수업 내용, 수준차를 고려한 학습자 중심의 수업 내용, 그 지역의 특성을 고려한 다양하고 특성이 있는 수업 내용	13문항
수업 방법	교육과정의 재구성에 맞춘 다양한 교수·학습방법, 학습자들의 수준을 고려한 수업 방법, 지역의 특성과 학습자들의 다양화에 따른 수업 방법	12 문항
평가	교육과정의 재구성에 따른 평가 도구 및 방법과 종류, 학습자들의 수준을 고려한 평가, 그 지역 및 학생의 특성을 고려한 평가	9문항
총		51문항

4.3 조사 도구의 신뢰도와 내용 타당도

양적 연구의 조사 도구인 5점 척도 설문 문항들의 신뢰도와 내용 타당도는 사전연구pilot test의 설문 문항들(김영철, 2004)을 수정, 보강하여 사용하였다.

4.4 연구 참여자들의 윤리성 확보 문제

본 연구의 질적 연구에 참여한 8명의 연구 참여자들의 윤리성을 확보하기 위하여 연구자는 연구 참여자들에게 이 연구의 실행 목적을 설명하면서 진실들을 말해 줄 것을 요청하여 동의를 얻었다. 또한 연구 참여자들이 진실을 말할 수 있는 여건을 조성하기 위하여 연구 참여자들에 대한 계속적인 교육과 전문가들과의 협의를 실시하였다.

연구 참여자들이 여러 여건상 이 연구에서 밝히기를 꺼려하는 사항들도 진실들을 말할 수 있도록 전문가들과 협의하여 윤리성 확보에 최선을 다하였으며, 연구 논문에서는 연구 참여자들의 이름을 가명으로 사용하였다.

5. 조사 절차

본 연구의 자료수집은 인터넷이나 우편을 이용한 설문지들과 수업관찰 및 심층면담을 통하여 수집하였다. 구체적인 조사 절차는 다음과 같다.

5.1 양적 연구

본 연구의 설문조사서는 2004년 6월에 작성된 것을 보강하여 2005년 1학기 시작 때 완료하였다. 1학기 동안 이 분야의 전문가와 상의하여 설문조사서를 신뢰할 수 있게 작성하였다. 방학때인 8월에 마지막으로 전문가와 다시 상의하여 설문조사서를 수정·보완하였고, 9, 10, 11, 12월 네 달에 걸쳐 전국적으로 실시하였다. 전국적으로 실시하는 설문조사이므로 인터넷이나 우편을 이용하여 전국 11개 교육대학 교수와 그 지역 현장 교사 및 시, 도교육청 장학사의 도움으로 설문조사를 실시하였다.

5.2 질적 연구

제7차 초등영어 교육과정의 현황에 대해서 보다 객관적이고 타당성 있는 고찰을 하기 위하여 설문조사를 통한 양적 연구 외에 심층면담과 수업관찰 및 관련 자료수집을 이용하였다.

5.2.1 심층면담법

심층면담은 반구조화된 면담 형태로 이루어졌으며, 면담지 내용의 타당성을 검증하기 위하여 두 차례의 사전 예비검사를 거친 다음 세 차례에 걸쳐 실시하였다. 첫 번째 예비검사에서는 면담지 내용의 적절성과 현장 적용 가능성을 재고하기 위하여 전문가 회의를 열어 면담지를 수정·보완하였다. 두 번째 예비검사에서는 8명의 면담자들을 대상으로 전문가 회의를 거쳐 수정·보완된 면담지를 검토하게 한 후, 현장과 관련이 적은 문항들이나 내용이 이해하기 어려운 문항들을 선별하도록 하여 최종 면담지 작성에 반영하여 수정·보완하였다.

첫 번째 심층면담에서는, 방과 후 비디오 시설이 갖추어져 있는 학교 교실이나 휴게실을 이용하여 면담자가 실시한 영어 수업 비디오를 시청한 후, 반구조화된 면담법을 이용하였다. 사전에 면담자들과의 래포르rapport 형성을 위하여 학교 방문이나 전화 통화를 통하여 초등영어교육에 대한 이야기와 교육 제반에 관한 이야기로 부드러운 분위기를 형성하였다.

두 번째 심층면담에서는 제7차 초등영어 교육과정에 관련된 제반 서류들, 즉 국가 수준 교육과정, 지역 교육청 교육과정 자료, 학교 수준 교육과정 자료 및 교사용 지도서와 학습 지도안을 토대로 교육과정의 전반적인 구성 및 분석의 틀 안에서 면담을 진행해 나갔다.

세 번째 심층면담에서는 지금까지의 비디오 분석과 관련 자료들을 통한 반구조화된 면담들을 최종적으로 점검하고, 혹 조사되지 않은 사항들을 점검하여 심층면담을 완료하였다.

5.2.2 수업관찰

8명 면담자들의 각각의 학교를 방문하여 초등영어 수업 장면을 관찰하고 메모를 하여 심층면담시 활용하여 반구조화된 면담법의 묘미를 살렸다.

5.2.3 관련 자료수집

제7차 초등영어 교육과정에 관련된 국가 수준의 교육과정, 지역 교육청 수준의 교육 과정, 학교 수준의 교육과정, 교사용 지도서, 학습 지도안 등의 제반 서류들을 이용하여 심층면담에서 활용하였다.

3 연구 결과 및 논의

1. 5점 척도 설문 문항들을 통한 양적 및 질적 분석

2. 선택형 및 개방형 설문 문항 분석

제3장 연구 결과 및 논의

이 연구의 결과 분석 및 논의를 위하여 양적 연구의 조사 도구인 설문조사서의 19문항의 5점 척도 설문 문항들에 대해서 SPSS version 10.0을 이용하여 통계처리를 하였다. 11문항의 개방형 설문 문항들 및 2문항의 선택형 설문 문항들에 대해서는 빈도분석을 하였다. 아울러 반구조화된 심층면담지의 분석을 통한 질적 연구도 병행하였다.

1. 5점 척도 설문 문항들을 통한 양적 및 질적 분석

5점 척도 설문 문항들에 대한 권역별, 학력별, 교육 경력별, 영어교육 연수 경력별 분석은 다음과 같다.

1.1 권역별 차이 분석

권역별 평균, 표준편차, F검정, 유의확률, 사후검정 p값을 통한 차이 분석은 다음 〈표 3〉과 같다.

[표 3] 권역별 평균, 표준편차, F값 및 사후검정

		n	M	SD	F	p	post-hoc test(p값)
수준별 수업	수도권	194	3.18	1.196	5.78***	0.000	수도권과 충청, 호남, 영남, 제주권의 p=0.003, 0.000, 0.000, 0.006
	충청권	124	2.83	0.985			
	호남권	154	2.76	0.848			
	영남권	172	2.75	1.004			
	제주권	35	2.66	0.838			
	합계	679	2.88	1.035			
과업 중심 수업	수도권	193	3.24	1.202	2.69*	0.03	수도권과 충청권의 p=0.01; 충청권과 영남권, 제주권의 p=0.049, 0.012; 호남권과 제주권의 p=0.050
	충청권	120	2.95	0.897			
	호남권	153	3.07	0.800			
	영남권	170	3.18	0.965			
	제주권	35	3.43	0.778			
	합계	671	3.14	0.992			
영어권 문화	수도권	191	3.07	1.117	3.20*	0.01	수도권과 호남권, 영남권의 p=0.001, 0.02
	충청권	120	2.87	0.961			
	호남권	154	2.72	1.076			
	영남권	170	2.81	0.917			
	제주권	35	3.09	0.853			
	합계	670	2.89	1.026			
성취 기준	수도권	194	3.26	1.132	2.11	0.08	
	충청권	123	3.07	0.916			
	호남권	155	3.19	0.903			
	영남권	173	3.31	1.025			
	제주권	35	3.57	0.884			
	합계	680	3.24	1.009			
현 교육과정에 어려움이 없음	수도권	193	3.18	1.264	4.01**	0.003	수도권과 충청, 호남, 영남, 제주권의 p=0.01, 0.001, 0.003, 0.01
	충청권	123	2.85	1.124			
	호남권	154	2.79	1.108			
	영남권	172	2.82	1.064			
	제주권	35	2.66	0.906			
	합계	677	2.91	1.148			
문자언어를 가르치는 데 어려움이 없음	수도권	191	2.75	1.081	1.25	0.29	
	충청권	122	3.02	1.004			
	호남권	154	2.85	0.927			
	영남권	171	2.87	1.095			
	제주권	35	2.83	1.071			
	합계	673	2.85	1.038			
영어교육이 시들해졌음	수도권	193	2.33	1.174			수도권과 충청, 호남, 영남, 제주권의 p=0.000, 0.000, 0.000, 0.002
	충청권	122	2.85	1.155			
	호남권	155	2.86	0.981			

	영남권	171	2.81	1.068	7.92***	0.000	
	제주권	35	2.94	1.110			
	합계	676	2.70	1.121			
전담교사	수도권	192	4.19	1.174			
	충청권	124	4.05	1.154			
	호남권	155	4.02	1.209			
	영남권	172	4.03	1.235	0.85	0.50	
	제주권	35	4.29	1.100			
	합계	678	4.09	1.190			
담임교사	수도권	192	1.90	1.046			수도권과 호남권, 영남권의 p=0.004, 0.02
	충청권	123	2.14	1.089			
	호남권	154	2.25	1.158			
	영남권	170	2.18	1.234	2.62*	0.03	
	제주권	35	2.29	1.226			
	합계	674	2.12	1.144			
4기능의 분리교육	수도권	191	2.44	1.203			
	충청권	122	2.41	1.066			
	호남권	152	2.32	1.285			
	영남권	172	2.22	1.107	1.08	0.36	
	제주권	35	2.17	1.200			
	합계	672	2.34	1.175			
3학년부터 실시	수도권	192	3.13	1.318			
	충청권	123	2.93	1.189			
	호남권	152	2.93	1.277			
	영남권	167	3.26	1.354	2.16	0.07	
	제주권	34	3.32	1.319			
	합계	668	3.09	1.300			
1학년부터 실시	수도권	192	1.90	1.232			
	충청권	124	2.02	1.269			
	호남권	153	2.28	1.398			
	영남권	172	2.16	1.350	2.33	0.054	
	제주권	35	1.86	1.309			
	합계	676	2.07	1.317			
유치원 영어교육 찬성	수도권	192	1.94	1.224			수도권과 충청, 호남, 영남권의 p=0.005, 0.04, 0.002; 충청, 영남권과 제주권의 P=0.02, 0.01
	충청권	124	2.36	1.369			
	호남권	155	2.23	1.317			
	영남권	171	2.36	1.310	4.07**	0.003	
	제주권	35	1.77	0.973			
	합계	677	2.18	1.296			
사교육 찬성	수도권	191	2.27	1.288			수도권과 충청, 호남, 영남권의 p=0.000, 0.03, 0.000; 호남권과 영남권의 p=0.006; 영남권과 제주권의 p=0.010
	충청권	124	2.76	1.164			
	호남권	154	2.55	1.194			
	영남권	171	2.92	1.168	7.70***	0.000	

	제주권	35	2.34	1.136			
	합계	675	2.59	1.231			
주당 시수 늘림	수도권	191	2.39	1.352			수도권과 호남권의 p=0.000; 충청권과 호남권의 p=0.000; 호남권과 영남권, 제주권의 p=0.005, 0.005
	충청권	123	2.40	1.240			
	호남권	155	3.04	1.362			
	영남권	172	2.62	1.352	6.45***	0.000	
	제주권	35	2.34	1.327			
	합계	676	2.60	1.355			
문자언어 강화	수도권	191	2.44	1.225			수도권과 충청, 호남, 영남권의 p=0.006, 0.000, 0.000
	충청권	124	2.81	1.054			
	호남권	154	2.93	1.258			
	영남권	171	2.91	1.184	4.97**	0.001	
	제주권	35	2.69	1.157			
	합계	675	2.75	1.203			
놀이 위주의 수업 재해석	수도권	192	3.04	1.269			
	충청권	124	3.14	1.046			
	호남권	155	3.23	1.108			
	영남권	169	3.00	1.069	1.23	0.30	
	제주권	35	2.89	1.157			
	합계	675	3.08	1.140			
단일 문장의 길이 제한 폐지	수도권	178	2.64	1.251			수도권과 충청, 호남, 영남권의 p=0.02, 0.004, 0.01; 호남권과 제주권의 p=0.04
	충청권	123	2.95	1.151			
	호남권	154	3.00	1.108			
	영남권	171	2.95	1.062	3.30*	0.01	
	제주권	35	2.57	0.884			
	합계	661	2.86	1.143			
어휘 수 더 늘림	수도권	177	2.62	1.269			수도권과 호남권, 영남권의 p=0.04, 0.03; 호남권과 제주권의 p=0.04; 영남권과 제주권의 p=0.03
	충청권	123	2.85	1.206			
	호남권	155	2.89	1.198			
	영남권	172	2.90	1.065	2.46*	0.04	
	제주권	35	2.43	0.948			
	합계	662	2.79	1.180			

*: pr<0.05, **: pr<0.01, ***: pr<0.001 수준에서 통계적으로 유의함

위 표에 의하면, 정상적인 수준별 수업에 대하여 수도권은 '보통'으로, 충청, 호남, 영남, 제주권은 '아니다'로 부정적인 견해를 나타냈으며, 수도권과 다른 권역들 간에는 차이가 있었다. 심층면담과 수업관찰을 통해 살펴보았을 때, 수업 목표는 수준별로 제시하지 못하지만, 수업 내용과 평가에 있어서는 나름대

로 수준별로 실시하려고 노력하고 있는 것으로 나타났다.

과업 중심 수업에 대해서는 모든 권역별로 '보통'으로 나타났지만, 충청권이 가장 부정적이었고 제주권은 가장 긍정적이었다. 심층면담과 수업관찰을 통해 살펴보았을 때, 과업 중심 수업은 역할극, 게임, 책 만들기, 시장놀이, 물물교환, 은행놀이, 병원놀이, 들려주는 말을 듣고, 목표 지점 찾아 가기, 지시에 따라 그림을 그리거나 그림에 표시하기, 설명을 듣고 표를 완성하거나 줄로 연결하기 등의 내용으로 수업을 하는 것으로 나타났다.

영어권 문화교육은 수도권과 제주권은 '보통'으로, 충청, 호남, 영남권은 '아니다'로 부정적이었지만, 수도권과 호남, 영남권 간에는 차이가 있었다. 심층면담과 수업관찰을 통해 살펴보았을 때, 영어권 문화수업은 원어민들의 사고방식과 우리와의 문화적 차이를 설명하는 정도이고, 좀 더 구체적으로 들어가서는 가령 인사하는 내용을 다룬다면, 영어권 문화에서의 호칭이나 우리의 경어 표현들을 가르치는 정도로 나타났다.

성취 기준의 인식 정도는 모든 권역별로 '보통'으로 나타났다. 심층면담에서는 수업 목표는 교육과정에 제시된 성취 기준을 토대로 제시하는 것으로 나타났다.

현재 초등영어를 가르치는 데 어려움이 없는지에 대해서는, 수도권은 '보통'으로, 충청, 호남, 영남, 제주권은 '아니다'로 어려움이 있다는 견해를 나타냈으며, 수도권과 다른 권역들 간에는 분명한 차이가 있었다.

문자언어인 읽기와 쓰기를 가르치는 데 어려움이 없는지에 대해서는 모든 권역별로 어려움이 있는 것으로 나타났다. 심층면담과 수업관찰을 통해 살펴보았을 때, 교사들은 말하기 활동에 나온 내용을 읽기와 쓰기로 연결시켜 읽기는 다양한 활동 중심으로 고안하여 수업을 진행하고, 쓰기는 짝과 번갈아 쓰기, 문장 구성하기 등 몇 가지 틀을 정해 읽기와 쓰기를 활동하는 것으로 나타났다. 또한 교과서의 경우는 읽기와 쓰기에 대한 활동이 단순하여, 내용은 교과서에 맞추되, 활동은 다양하게 재구성하여 수업을 하기도 하였다. 문자언어인 읽기와 쓰기를 활동 중심으로 가르치면 학생들이 좀 더 재미있어 하고, 관심과 흥미를 높일 수 있으므로 활동 중심으로 가르치는 것으로 나타났다.

영어교육이 처음보다 시들해졌다고 생각하는지에 대해서는 모든 권역별로 시들해지지 않았다고 생각하고 있었고, 수도권이 충청, 호남, 영남, 제주권보다 훨씬 더 시들해지지 않았다고 생각하였다.

초등영어는 전담교사와 담임교사 중에서 누가 가르쳐야 하는지에 대해서는 모든 권역별로 담임교사보다는 전담교사가 가르쳐야 한다고 생각하고 있었고, 특히 수도권이 호남, 영남권보다 전담교사를 더 선호하였다. 심층면담과 수업관찰을 통하여 이를 좀 더 자세히 살펴보면, 전담교사가 더 적절하다고 생각하는 이유는 수업 준비 시간과 교사들의 영어 능력이었다. 하지만 교실에서의 교사들의 교수 요인들이 같다면, 담임교사만큼 학생들을 잘 알고 있는 사람은 없으므로 아이들과 많은 시간을 함께하면서 학생들의 특성을 잘 파악하고 있는 담임교사가 좀 더 교재 연구를 하면서 교실영어를 잘 구사할 수 있도록 노력한다면 전담교사보다는 담임교사가 가르치는 것이 더 바람직하다고 생각하는 교사들도 상당수 있었다.

언어 기능들을 통합해서 가르치는 것이 좋은지, 분리해서 가르치는 것이 좋은지에 대해서는 모든 권역별로 압도적으로 통합해서 가르치는 것이 좋다고 생각하였다. 심층면담과 수업관찰을 통해 살펴보았을 때, 듣기·말하기·읽기·쓰기 네 기능들을 모두 가르치기는 어렵지만, 음성 언어인 듣기와 말하기, 문자 언어인 읽기와 쓰기 방식으로 통합하여 가르치는 것으로 나타났다. 예를 들어, 음성 언어인 듣기와 말하기의 경우, TPR을 활용하여 명령을 듣고 행동으로 옮기게 하면서 그 명령을 익히게 한 후, 다시 친구들에게 직접 명령을 하여 다른 친구들이 행동으로 옮기게 하는 식으로 통합하여 가르치고, 문자 언어인 읽기와 쓰기의 경우, 5학년 때 알파벳이나 간단한 단어를 가르치면서 알파벳을 읽고 동시에 쓰기를 할 수 있도록 지도하는 것으로 나타났다.

초등영어는 현행대로 3학년부터 실시하는 것이 좋은지, 아니면 1학년부터 실시하는 것이 좋은지에 대해서는 모든 권역별로 1학년 실시는 반대하였고, 3학년 실시는 긍정도 부정도 하지 않는 '보통'의 견해를 보였다. 심층면담을 통해 살펴보았을 때, 1학년부터 실시하는 것에 반대하는 것은 교사들의 영어 능력에 대한 부담감 때문이었고, 3학년부터 실시하는 것에 대해서 긍정도 부정도 하지 않은 것은 국제어로서 영어의 중요성과 사교육의 영향으로 공교육에서 영어를 담당해야 하지만 교사들이 자신감이 없어서인 것으로 나타났다.

유치원의 영어교육을 찬성하는지에 대해서는 모든 권역별로 반대하였지만, 수도권과 제주권이 충청, 호남, 영남의 다른 권역들보다 더 반대하였다.

초등영어의 사교육을 찬성하는지에 대해서는 모든 권역별로 반대하였지만, 충청, 호남, 영남권이 수도권보다 반대가 더 적었고, 영남권이 호남, 제주권보다 반대가 더 적었으며, 영남권은 반대가 가장 적어 사교육에 대해서 어느 정도 허용하는 분위기였다.

주당 시수를 늘려야 하는지에 대해서는 수도, 영남, 충청, 제주권은 부정적으로, 호남권은 긍정도 부정도 하지 않는 중간적인 입장을 취해서 다른 권역들과 차이를 보였다.

음성언어 위주의 수업 대신에 문자언어도 강화해야 하는지에 대해서는 모든 권역별로 부정적인 견해를 보였으며, 수도권이 충청, 호남, 영남권보다 더 부정적인 견해를 보였다.

노래·챈트·놀이 위주의 오락성 수업에 대해서는 모든 권역별로 긍정도 부정도 하지 않았다. 심층면담과 수업관찰을 통해 살펴보았을 때, 교사들은 초등학생들에게 활동 중심의 수업이 적절하다고 생각하는 것으로 나타났으며 수행평가를 실시하고 계량적 평가를 가급적 자제하는 쪽으로 평가를 하기 때문에 학업성취도에는 많은 관심을 가지고 있지 않았다.

교육과정에서 제시한 3~4학년은 7단어 내, 5~6학년은 9단어 내의 단일 문장의 길이 제한 폐지에 대해서는 호남권을 제외하고 모든 권역에서 부정적인 견해를 보였다. 호남권은 긍정도 부정도 하지 않았다. 특히 수도권, 제주권이 다른 권역들보다 더 강하게 반대하고 있었다.

교육과정에서 제시한 3~4학년은 80에서 120단어, 5~6학년은 90에서 130단어의 어휘 수를 더 늘려야 한다고 생각하는지에 대해서는 모든 권역에서 반대하였고, 수도권과 제주권이 호남권과 영남권보다 더 강하게 반대하였다.

1.2 학력별 차이 분석

학력별 평균, 표준편차, F검정, 유의확률, 사후검정 p값을 통한 차이 분석은 다음 〈표 4〉와 같다.

[표 4] 학력별 평균, 표준편차, F값 및 사후검정

		n	M	SD	F	P	post-hoc test(p값)
수준별 수업	교대 졸	504	2.88	1.032	0.62	0.69	
	일반대 졸	37	3.11	1.100			
	교대 영어 심화과정	21	2.67	1.278			
	영어교육 석사	41	2.78	.759			
	영어교육 박사	71	2.89	1.115			
	일반 박사	2	3.00	.000			
	합계	676	2.88	1.036			
과업 중심 수업	교대 졸	497	3.10	1.007	2.74*	0.02	교대 졸과 영어교육 석사, 일반 박사의 p=0.003, 0.046; 영어교육 석사와 영어교육 박사의 p=0.01; 영어교육 박사와 일반 박사의 p=0.048
	일반대 졸	36	3.25	.906			
	교대 영어 심화과정	21	3.24	.889			
	영어교육 석사	41	3.59	.836			
	영어교육 박사	71	3.10	.988			
	일반 박사	2	4.50	.707			
	합계	668	3.15	.993			
영어권 문화	교대 졸	497	2.81	1.009	3.09**	0.009	교대 졸과 일반대 졸, 교대 영어심화 과정, 영어교육 석사의 p=0.01, 0.04, 0.02
	일반대 졸	37	3.24	1.038			
	교대 영어 심화과정	21	3.29	.956			
	영어교육 석사	40	3.23	1.050			
	영어교육 박사	70	2.93	1.054			
	일반 박사	2	3.50	2.121			
	합계	667	2.89	1.027			
성취 기준	교대 졸	505	3.15	.987	3.14**	0.008	교대 졸과 일반대 졸, 영어교육 석사, 영어교육 박사의 p=0.02, 0.02, 0.03
	일반대 졸	37	3.57	.899			
	교대 영어 심화과정	21	3.38	.805			
	영어교육 석사	41	3.54	1.142			
	영어교육 박사	71	3.44	1.105			
	일반 박사	2	4.00	1.414			
	합계	677	3.24	1.009			
현 교육과정에 어려움이 없음	교대 졸	504	2.90	1.119	0.78	0.57	
	일반대 졸	36	3.14	1.073			
	교대 영어 심화과정	21	2.57	1.121			
	영어교육 석사	41	2.88	1.187			
	영어교육 박사	70	3.01	1.324			
	일반 박사	2	3.00	2.828			
	합계	674	2.92	1.148			

문자언어를 가르치는 데 어려움이 없음	교대 졸	500	2.87	1.035			
	일반대 졸	36	2.78	.866			
	교대 영어 심화과정	21	2.90	1.136			
	영어교육 석사	41	2.73	1.141	0.23	0.95	
	영어교육 박사	70	2.86	1.067			
	일반 박사	2	2.50	2.121			
	합계	670	2.86	1.040			
영어교육이 시들해졌음	교대 졸	501	2.62	1.090			교대 졸과 영어교육 석사, 영어교육 박사, 일반 박사의 p=0.002, 0.045, 0.003; 일반대 졸과 일반 박사의 p=0.005; 교대 영어심화 과정과 일반 박사의 p=0.008; 영어교육 석사와 일반 박사의 p=0.02; 영어교육 박사와 일반 박사의 p=0.008
	일반대 졸	37	2.73	1.018			
	교대 영어 심화과정	21	2.81	.981			
	영어교육 석사	41	3.17	1.243	4.26**	0.001	
	영어교육 박사	71	2.90	1.232			
	일반 박사	2	5.00	.000			
	합계	673	2.70	1.121			
전담교사	교대 졸	503	4.08	1.186			일반대 졸과 영어교육 석사의 p=0.03; 영어교육 석사와 영어교육 박사의 p=0.008
	일반대 졸	37	4.30	1.024			
	교대 영어 심화과정	21	3.76	1.261			
	영어교육 석사	41	3.71	1.419	2.20*	0.05	
	영어교육 박사	71	4.32	1.106			
	일반 박사	2	5.00	.000			
	합계	675	4.09	1.192			
담임교사	교대 졸	502	2.05	1.110			교대 졸과 영어교육 석사의 p=0.000; 일반대 졸과 영어교육 석사의 p=0.003; 영어교육 석사와 영어교육 박사의 p=0.002
	일반대 졸	36	2.03	.971			
	교대 영어 심화과정	21	2.52	1.167			
	영어교육 석사	40	2.80	1.381	4.06**	0.001	
	영어교육 박사	70	2.09	1.213			
	일반 박사	2	3.00	.000			
	합계	671	2.12	1.146			
4기능의 분리교육	교대 졸	499	2.34	1.170			
	일반대 졸	37	2.27	1.097			
	교대 영어 심화과정	21	2.24	.889			
	영어교육 석사	41	1.95	1.071	1.59	0.16	
	영어교육 박사	69	2.57	1.323			
	일반 박사	2	3.00	2.828			
	합계	669	2.33	1.177			
3학년부터 실시	교대 졸	496	3.10	1.290			
	일반대 졸	35	3.43	1.092			
	교대 영어 심화과정	20	3.10	1.071			

	영어교육 석사	41	2.83	1.302	0.97	0.44	
	영어교육 박사	71	2.97	1.512			
	일반 박사	2	3.50	2.121			
	합계	665	3.09	1.303			
1학년부터 실시	교대 졸	502	2.00	1.264			
	일반대 졸	36	2.03	1.253			
	교대 영어 심화과정	21	2.48	1.250			
	영어교육 석사	41	2.51	1.485	1.86	0.1	
	영어교육 박사	71	2.23	1.569			
	일반 박사	2	2.50	2.121			
	합계	673	2.07	1.318			
유치원 영어교육 찬성	교대 졸	503	2.13	1.269			
	일반대 졸	37	2.49	1.325			
	교대 영어 심화과정	21	2.43	1.121			
	영어교육 석사	41	2.44	1.433	1.43	0.21	
	영어교육 박사	70	2.24	1.429			
	일반 박사	2	1.00	.000			
	합계	674	2.18	1.296			
사교육 찬성	교대 졸	501	2.54	1.235			
	일반대 졸	37	2.51	1.216			
	교대 영어 심화과정	21	2.86	.964			
	영어교육 석사	41	2.85	1.195	1.82	0.11	
	영어교육 박사	70	2.70	1.278			
	일반 박사	2	4.50	.707			
	합계	672	2.59	1.232			
주당 시수 늘림	교대 졸	503	2.47	1.291			교대 졸과 심화과정, 영어교육 석사, 일반 박사의 p=0.006, 0.000, 0.007; 일반대 졸과 영어교육 석사, 일반 박사의 p=0.003, 0.01; 영어교육 석사와 영어교육 박사의 p=0.002; 영어교육 박사와 일반 박사의 p=0.02
	일반대 졸	36	2.64	1.313			
	교대 영어 심화과정	21	3.29	1.454			
	영어교육 석사	41	3.54	1.286	7.69***	0.000	
	영어교육 박사	70	2.71	1.524			
	일반 박사	2	5.00	.000			
	합계	673	2.60	1.355			
문자언어 강화	교대 졸	502	2.63	1.147			교대 졸과 영어교육 석사, 일반 박사의 p=0.000, 0.005; 일반대 졸과 영어교육 석사, 일반 박사의 p=0.009, 0.01; 심화과정과 일반 박사의 p=0.03; 영어교육 석사와 영어교육 박사의 p=0.005; 영어교육 박사와 일반 박사의 p=0.01
	일반대 졸	37	2.86	1.337			
	교대 영어 심화과정	21	3.14	1.062			
	영어교육 석사	41	3.56	1.343	7.20***	0.000	
	영어교육 박사	69	2.91	1.245			
	일반 박사	2	5.00	.000			
	합계	672	2.75	1.204			

놀이 위주의 수업 재해석	교대 졸	501	3.03	1.134			
	일반대 졸	37	3.03	1.093			
	교대 영어 심화과정	21	3.00	1.000			
	영어교육 석사	41	3.41	1.161	1.52	0.18	
	영어교육 박사	70	3.26	1.212			
	일반 박사	2	4.00	1.414			
	합계	672	3.08	1.141			
단일 문장의 길이 제한 폐지	교대 졸	490	2.81	1.122			교대 졸과 일반 박사의 p=0.007; 일반대 졸과 일반 박사의 p-0.02; 심화과정과 일반 박사의 p=0.03; 영어교육 석사와 일반 박사의 p=0.02; 영어교육 박사와 일반 박사의 p=0.01
	일반대 졸	37	3.00	1.106			
	교대 영어 심화과정	20	3.10	1.071			
	영어교육 석사	40	3.10	1.150	2.28*	0.046	
	영어교육 박사	69	2.88	1.266			
	일반 박사	2	5.00	.000			
	합계	658	2.86	1.142			
어휘 수 더 늘림	교대 졸	491	2.70	1.154			교대 졸과 심화과정, 영어교육 석사, 일반 박사의 p=0.04, 0.000, 0.005; 일반대 졸과 영어교육 석사, 일반 박사의 p=0.001, 0.005; 심화과정과 일반 박사의 p=0.04; 영어교육 석사와 영어교육 박사의 p=0.001; 영어교육 박사와 일반 박사의 p=0.009
	일반대 졸	37	2.65	1.111			
	교대 영어 심화과정	20	3.25	1.070			
	영어교육 석사	40	3.55	1.218	6.16***	0.000	
	영어교육 박사	69	2.81	1.228			
	일반 박사	2	5.00	.000			
	합계	659	2.79	1.183			

*: pr<0.05, **: pr<0.01, ***: pr<0.001 수준에서 통계적으로 유의함

위 표를 통하여, 학력별로 수준별 수업이 정상적으로 실시되고 있는지에 대한 견해를 살펴보면 모든 학력에서 부정적인 견해를 나타내어 수준별 수업이 정상적으로 실시되고 있지 않다는 것을 알 수 있다.

영어 수업이 과업 중심 수업 절차에 의한 과업 중심으로 실시되고 있는지에 대해서는 교대, 일반대 졸과 교대 영어 심화과정과 영어교육 박사는 '보통'으로 생각하고 있었으며, 영어교육 석사는 더 긍정적으로, 그리고 일반 박사는 '아주 잘 실시되고 있다'고 생각하고 있었다. 심층면담과 수업관찰을 통해 살펴보았을 때, 주로 과업 중심 수업은 role play, game, making book 등의 협동학습 구조를 이용하여 수업을 진행하거나, 말하기·듣기·읽기·쓰기 등을 노래·챈트·역할놀이·게임 등을 활용하여 진행하는 것으로 나타났다.

영어권 문화에 대해서 수업시간에 가르치고 있는지에 대해서는 교대 졸은 부정적인 견해를 보였고, 다른 학력들은 '보통'으로 생각하고 있었다. 심층면담과 수업관찰을 통해 살펴보았을 때, 교사들은 대부분 원어민들의 사고방식과 우리의 문화적 차이를 이야기하고, 해서는 안 되는 기본적인 예의에 대해 설명하는 정도와 영어권 문화에서의 호칭에 대해 교육하는 정도였다. 한 교사는 인사할 때 우리나라와는 달리 외국인과 대화를 할 때는 일정한 거리를 두고 상대방의 얼굴을 보면서 대화를 한다든지, 또는 그리 친하지 않는 사람에게 나이, 결혼 여부, 월급, 종교 등과 같은 사생활에 관한 것은 묻지 말아야 하는 것, 식사 예절, 호칭(Mr, Miss, Mrs)의 의미 등 비교적 자세하게 영어권 문화를 소개하는 것으로 나타났다. 하지만 대부분의 교사들은 수업 목표에는 영어권 문화를 반영하지 않는 것으로 나타났다.

학년별 성취 기준을 잘 알고 있는지에 대해서는 교대 졸은 '보통'으로 생각하고 있었으며, 다른 학력들은 더 잘 알고 있다고 대답하였다. 심층면담과 수업관찰을 통해 살펴보았을 때, 대부분의 교사들이 학년별 성취 기준을 토대로 수업 목표를 제시한다고 생각하고 있었으나 학년별 성취 기준에 대해서는 잘 모르고 있는 것으로 나타났다. 다만 이 심층면담에서 한 교사만이 비교적 상세하게 3~7개의 기본 과정 성취 기준과 2개의 심화 과정 성취 기준을 알고 있었다.

현행 교육과정만으로 초등영어를 가르치는 데 어려움이 없는지에 대해서는 모든 학력별로 약간의 어려움을 느끼고 있는 것으로 나타났다.

문자언어인 읽기와 쓰기를 가르치는 데 어려움이 없는지에 대해서는 모든 학력별로 어려움이 있는 것으로 나타났다. 특히 심층면담에서는 음성언어인 듣기와 말하기와의 연계성이 없어서 문자언어인 읽기와 쓰기를 가르치는 데 어려움이 있는 것으로 나타났다.

영어교육이 처음보다 많이 시들해졌다고 생각하는지에 대해서는 일반 박사는 '아주 그렇다'고 생각하고 있었으며, 영어교육 석사는 '보통'으로 생각하고 있었고, 다른 학력들은 시들해지지 않았다고 생각하고 있었다.

초등영어를 전담교사와 담임교사 중에서 누가 가르쳐야 하는지에 대해서는 전반적으로 모든 학력별로 담임교사보다는 전담교사를 선호하는 것으로 나타났다.

듣기·말하기·읽기·쓰기의 언어 네 기능은 모든 학력별로 학년별로 분리해서 가르치는 것보다는 통합해서 가르치는 것을 훨씬 더 선호하였다.

초등영어는 현행대로 3학년부터 실시하는 것이 좋은지에 대해서는 권역별 차이 분석에서와 마찬가지로 모든 학력별로 긍정도 부정도 하지 않았고, 1학년부터 실시하는 것에 대해서는 모든 학력별로 반대를 하였다.

유치원의 영어교육에 대해서는 모든 학력별로 반대하는 것으로 나타났다.

초등영어 사교육에 대해서는 2명의 일반 박사 출신은 찬성하였지만, 다른 모든 학력에서는 반대하였다.

초등영어의 주당 시수를 늘려야 하는지에 대해서는 교대 졸, 일반대 졸, 영어교육 박사는 부정적인 입장을 보였고, 교대 영어 심화과정과 영어교육 석사는 찬성도 반대도 하지 않는 중간적인 입장을 보였으며, 2명의 일반 박사는 아주 긍정적인 입장을 보였다.

음성언어 위주의 수업 대신에 문자언어도 강화해야 하는지에 대해서는 교대 졸, 일반대 졸, 영어교육 박사는 부정적인 견해를 보였지만, 교대 영어 심화과정과 영어교육 석사는 찬성도 반대도 하지 않는 중간적인 입장을 보였으며, 2명의 일반 박사는 아주 긍정적인 입장을 보였다.

노래·챈트·놀이 위주의 오락성 수업을 재해석해야 하는지에 대해서는 권역별 분석에서와 마찬가지로 모든 학력별로 긍정도 부정도 하지 않았다.

교육과정에서 제시한 3~4학년은 7단어 내, 5~6학년은 9단어 내의 단일 문장의 길이 제한 폐지에 대해서는 2명의 일반 박사는 강력하게 찬성하고 있었지만, 반대하고 있는 교대 졸과 영어교육 박사와 중간적인 입장을 보인 일반대 졸과 교대 영어 심화과정, 영어교육 석사와는 차이가 있었다.

교육과정에서 제시한 3~4학년은 80에서 120단어, 5~6학년은 90에서 130단어의 어휘 수를 더 늘려야 한다고 생각하는지에 대해서는 2명의 일반 박사는 강력하게 찬성하고 있었지만, 반대하고 있는 교대 졸, 일반대 졸, 영어교육 박사와 중간적인 입장을 보인 교대 영어 심화과정, 영어교육 석사와는 차이가 있었다. 또한 반대하고 있는 교대 졸, 일반대 졸, 영어교육 박사와 중간적인 입장을 보인 교대 영어 심화과정, 영어교육 석사와도 차이가 있었다.

1.3 교육 경력별 차이 분석

교육 경력별 평균, 표준편차, F검정, 유의확률, 사후검정 p값을 통한 차이 분석은 다음 <표 5>와 같다.

[표 5] 교육 경력별 평균, 표준편차, F값 및 사후검정

		n	M	SD	F	p	post-hoc test(p값)
수준별 수업	5년 미만	210	2.70	.940	3.84**	0.004	5년 미만과 5~10년, 20년 이상의 p=0.009, 0.000; 10~15년과 20년 이상의 p=0.04
	5 ~ 10	172	2.97	1.110			
	10 ~ 15	81	2.83	1.202			
	15 ~ 20	86	2.92	.948			
	20년 이상	122	3.12	.958			
	합계	671	2.89	1.033			
과업 중심 수업	5년 미만	208	3.12	.906	0.19	0.94	
	5 ~ 10	170	3.18	1.124			
	10 ~ 15	79	3.10	1.057			
	15 ~ 20	86	3.15	.988			
	20년 이상	121	3.19	.897			
	합계	664	3.15	.991			
영어권 문화	5년 미만	207	2.84	.980	0.53	0.72	
	5 ~ 10	170	2.98	1.043			
	10 ~ 15	79	2.94	1.042			
	15 ~ 20	85	2.84	1.078			
	20년 이상	121	2.88	1.029			
	합계	662	2.89	1.024			
성취 기준	5년 미만	210	3.12	.877	2.05	0.09	
	5 ~ 10	173	3.28	1.064			
	10 ~ 15	80	3.49	1.055			
	15 ~ 20	87	3.18	1.116			
	20년 이상	122	3.26	1.019			
	합계	672	3.24	1.010			
현 교육과정에 어려움이 없음	5년 미만	210	2.75	1.020	2.60*	0.04	5년 미만과 5~10, 10~15, 20년 이상의 p=0.03, 0.02, 0.02
	5 ~ 10	171	3.01	1.274			
	10 ~ 15	80	3.09	1.214			
	15 ~ 20	87	2.78	1.214			
	20년 이상	121	3.05	1.048			
	합계	669	2.91	1.149			

문자언어를 가르치는 데 어려움이 없음	5년 미만	209	2.83	.985	2.19	0.07	
	5 ~ 10	171	2.80	1.088			
	10 ~ 15	80	2.84	1.195			
	15 ~ 20	86	2.72	1.013			
	20년 이상	119	3.10	.951			
	합계	665	2.86	1.041			
영어교육이 시들해졌음	5년 미만	209	2.75	1.027	1.89	0.11	
	5 ~ 10	173	2.52	1.129			
	10 ~ 15	79	2.66	1.280			
	15 ~ 20	86	2.87	1.196			
	20년 이상	121	2.78	1.076			
	합계	668	2.70	1.120			
전담교사	5년 미만	210	3.81	1.191	6.68***	0.000	5년 미만과 5~10, 10~15, 20년 이상의 p=0.009, 0.050, 0.000; 5~10과 20 이상의 p=0.008; 10~15와 20 이상의 p=0.02; 15~20과 20 이상의 p=0.02
	5 ~ 10	172	4.13	1.137			
	10 ~ 15	80	4.11	1.322			
	15 ~ 20	87	4.09	1.369			
	20년 이상	121	4.50	.905			
	합계	670	4.09	1.193			
담임교사	5년 미만	209	2.39	1.126	7.20***	0.000	5년 미만과 5~10, 15~20, 20년 이상의 p=0.01, 0.002, 0.000; 5~10과 20 이상의 p=0.006; 10~15와 20 이상의 p=0.02
	5 ~ 10	168	2.11	1.084			
	10 ~ 15	81	2.12	1.218			
	15 ~ 20	86	1.94	1.192			
	20년 이상	122	1.74	1.027			
	합계	666	2.11	1.139			
4기능의 분리교육	5년 미만	210	2.25	1.096	5.30***	0.000	5년 미만과 15~20, 20년 이상의 p=0.02, 0.002; 5~10과 15~20, 20 이상의 p=0.0003, 0.000; 10~15와 15~20, 20 이상의 p=0.048, 0.01
	5 ~ 10	170	2.12	1.147			
	10 ~ 15	79	2.23	1.176			
	15 ~ 20	83	2.59	1.250			
	20년 이상	122	2.66	1.231			
	합계	664	2.33	1.179			
3학년부터 실시	5년 미만	208	3.08	1.169	1.16	0.33	
	5 ~ 10	170	3.13	1.322			
	10 ~ 15	81	3.09	1.543			
	15 ~ 20	84	2.87	1.287			
	20년 이상	118	3.26	1.323			
	합계	661	3.10	1.302			
1학년부터 실시	5년 미만	210	2.30	1.301	3.21*	0.01	5년 미만과 5~10, 10~15, 20년 이상의 p=0.001, 0.045, 0.003; 5~10과 15~20의 p=0.050
	5 ~ 10	171	1.86	1.185			
	10 ~ 15	80	1.95	1.377			
	15 ~ 20	85	2.20	1.478			
	20년 이상	122	1.98	1.301			
	합계	668	2.07	1.315			

유치원 영어교육 찬성	5년 미만	210	2.32	1.233	1.10	0.35	
	5 ~ 10	173	2.06	1.254			
	10 ~ 15	80	2.16	1.364			
	15 ~ 20	84	2.19	1.410			
	20년 이상	122	2.11	1.316			
	합계	669	2.18	1.293			
사교육 찬성	5년 미만	210	2.72	1.076	1.38	0.24	
	5 ~ 10	173	2.43	1.230			
	10 ~ 15	81	2.59	1.358			
	15 ~ 20	83	2.60	1.297			
	20년 이상	120	2.61	1.349			
	합계	667	2.60	1.233			
주당 시수 늘림	5년 미만	209	3.02	1.256	7.79***	0.000	5년 미만과 5~10, 10~15, 15~20, 20년 이상의 p=0.000, 0.000, 0.009, 0.000
	5 ~ 10	172	2.38	1.277			
	10 ~ 15	81	2.33	1.475			
	15 ~ 20	84	2.57	1.400			
	20년 이상	122	2.41	1.371			
	합계	668	2.60	1.356			
문자언어 강화	5년 미만	210	3.02	1.132	4.92**	0.001	5년 미만과 5~10, 10~15, 20년 이상의 p=0.000, 0.02, 0.002; 5~10과 15~20의 p=0.03
	5 ~ 10	173	2.54	1.198			
	10 ~ 15	80	2.66	1.292			
	15 ~ 20	84	2.88	1.134			
	20년 이상	120	2.59	1.260			
	합계	667	2.76	1.207			
놀이 위주의 수업 재해석	5년 미만	210	3.08	1.102	3.57**	0.007	5년 미만과 5~10의 p=0.047; 5~10과 15~20, 20 이상의 p=0.001, 0.006
	5 ~ 10	172	2.85	1.129			
	10 ~ 15	80	3.14	1.250			
	15 ~ 20	84	3.36	1.094			
	20년 이상	121	3.22	1.136			
	합계	667	3.09	1.141			
단일 문장의 길이 제한 폐지	5년 미만	203	3.06	1.047	2.72*	0.03	5년 미만과 5~10, 10~15, 20년 이상의 p=0.002, 0.008, 0.02
	5 ~ 10	171	2.78	1.186			
	10 ~ 15	79	2.66	1.260			
	15 ~ 20	80	2.95	1.078			
	20년 이상	120	2.76	1.167			
	합계	653	2.87	1.143			
어휘 수 더 늘림	5년 미만	203	2.92	1.050	2.81*	0.03	5년 미만과 5~10의 p=0.003; 5~10과 15~20, 20 이상의 p=0.02, 0.02
	5 ~ 10	171	2.56	1.189			
	10 ~ 15	79	2.71	1.370			
	15 ~ 20	81	2.91	1.237			
	20년 이상	120	2.88	1.171			
	합계	654	2.79	1.181			

*: pr<0.05, **: pr<0.01, ***: pr<0.001 수준에서 통계적으로 유의함

위 표에 의하면, 수준별 수업이 정상적으로 실시되고 있는지에 대해서 교육 경력이 5년 미만인 교사들은 부정적인 견해를 보였고, 교육 경력이 5~10년과 20년 이상인 교사들은 긍정도 부정도 하지 않아 교육 경력이 5년 미만인 교사들과 서로 차이를 보였으며, 부정적인 견해를 보인 10~15년 된 교사들과 긍정도 부정도 하지 않은 20년 이상인 교사들 간에도 서로 차이를 보였다. 또한 15~20년 된 교사들은 약간 부정적인 견해를 보여 전반적으로 수준별 수업의 정상적인 실시에 대해서는 부정적인 견해를 보였다.

과업 중심 수업에 대해서는 모든 교육 경력별로 '보통'으로 나타났다. 심층면담을 통해서 살펴보았을 때, 교사들은 단순한 과업 활동은 하지만 진정한 과업 중심 수업절차, 즉 과업 전 활동, 과업순환활동, 과업 후 활동 등에 대해서는 거의 알지 못하고 있었다.

영어권 문화교육은 모든 경력별로 '아니다'로 부정적이어서 현장에서 문화교육이 제대로 이루어지고 있지 않음을 알 수가 있다.

성취 기준의 인식 정도는 모든 경력별로 '보통'으로 나타나서 현장의 교사들이 교육과정 상의 성취 기준에 대해서 확실하게 인식하고 있지는 못하는 것으로 여겨진다.

현재 초등영어를 가르치는 데 어려움이 없는지에 대해서는, 5년 미만과 15~20년 된 교사들은 어려움을 느끼고 있었고, 5~10년과 10~15년 및 20년 이상 된 교사들은 보통으로 느끼고 있었으며, 특히 5년 미만과 5~10년, 10~15년, 20년 이상 된 교사들 사이에는 유의미한 차이가 발생하였다.

문자언어인 읽기와 쓰기를 가르치는 데 어려움이 없는지에 대해서는 모든 경력별에서 유의미한 차이가 나타나지 않고 어려움이 있는 것으로 나타났다.

영어교육이 처음보다 시들해졌다고 생각하는지에 대해서는 모든 경력별로 시들해지지 않았다고 생각하고 있었다.

초등영어는 전담교사와 담임교사 중에서 누가 가르쳐야 하는지에 대해서는 모든 경력별로 담임교사보다는 전담교사가 가르쳐야 한다고 생각하고 있었고, 특히 교육 경력이 적은 교사들보다 교육 경력이 많은 교사들이 전담교사를 더 선호하였다. 심층면담과 수업관찰을 통해 이를 살펴보았을 때, 교육 경력이 많은 교사들은 음성언어 중심의 영어교육을 받지 않았기 때문에 학생들의 영어교육에 부담을 느끼고 있어서 전담교사가 영어를 가르쳐 주기를 원하는 것으로 나타났다.

언어 기능들을 통합해서 가르치는 것이 좋은지, 분리해서 가르치는 것이 좋은지에 대해서는 모든 경력별로 분리보다는 통합해서 가르치는 것이 좋다고 생각하였다. 특히 교육 경력이 적은 교사들보다는 교육 경력이 많은 교사들이 통합해서 가르치는 것을 더 선호하였다.

초등영어는 현행대로 3학년부터 실시하는 것이 좋은지, 아니면 1학년부터 실시하는 것이 좋은지에 대해서는 모든 교육 경력별로 권역과 학력별 분석에서와 마찬가지로 1학년 실시는 반대하였고, 3학년 실시는 긍정도 부정도 하지 않는 '보통'의 견해를 보였다. 특히 교육 경력이 5~10, 10~15, 20년 이상인 교사들이 1학년부터 영어를 실시하는 것에 대해 더 반대하였다.

유치원의 영어교육을 찬성하는지에 대해서는 모든 교육 경력별로 권역과 학력별 분석에서와 마찬가지로 반대하였다.

초등영어의 사교육을 찬성하는지에 대해서는 모든 교육 경력별로 반대하였다.

주당 시수를 늘려야 하는지에 대해서는 교육 경력이 5년 미만인 교사는 긍정도 부정도 하지 않는 중간적인 입장을 취했고, 교육 경력이 5~10, 10~15, 15~20, 20년 이상인 교사들은 부정적인 입장을 취했다. 심층면담에서 교육 경력이 5년 미만인 교사들은 초등영어 수업 시간이 부족하다는 것을 인식하고 있었지만, 초등학교의 현 상황을 감안하면 찬성할 수 없는 입장이었다. 즉, 영어 외에 다른 과목들을 가르쳐야 하고, 영어 숙달도가 부족하기 때문에 주당 시수를 늘리는 데는 찬성하지 않는 것으로 나타났다.

음성언어 위주의 수업 대신에 문자언어도 강화해야 하는지에 대해서는 교육 경력이 5년 미만인 교사들은 약간 허용적인 중간적인 입장을 보였지만, 5년 이상인 교사들은 반대의 입장을 취하였다. 교육 경력이 5년 미만인 교사들과 5년 이상인 교사들 사이에는 통계적으로 유의미한 차이를 보였다. 심층면담을 통해 살펴보았을 때, 교육 경력이 5년 미만인 젊은 교사들은 초등학생들에게 문자언어도 음성언어와 마찬가지로 중요성을 갖고 있다고 생각하고 있었지만, 5년 이상인 교사들은 문자언어를 가르치는 것에 대한 두려움을 갖고 있었다.

노래·챈트·놀이 위주의 오락성 수업에 대해서는 교육 경력이 5~10년인 교사들은 활동 중심의 수업에 대해서 찬성하는 것으로 나타났으나, 5년 미만과 10년 이상인 교사들은 찬성도 반대도 하지 않는 중간적인 입장을 취하였다. 심층면담과 수업관찰을 통해 살펴보았을 때, 교사들은 초등학생들에게 활동 중심의 수업이 적절하다고 생각하고 있었으나, 학업성취도를 생각하면 이러한 수업 방법에 대해서 고려해 보아야 한다고 생각하고 있었다.

교육과정에서 제시한 3~4학년은 7단어 내, 5~6학년은 9단어 내의 단일 문장의 길이 제한 폐지에 대해서는 교육 경력이 5년 미만인 교사들은 약간 허용적인 중간적인 입장을 보였지만,

5~10, 10~15, 20년 이상인 교사들은 반대의 입장을 취하여 통계적으로 유의미한 차이를 보였다. 교육 경력이 15~20년인 교사들은 5년 미만인 교사들과 마찬가지로 약간 허용적인 입장을 보였다.

교육과정에서 제시한 3~4학년은 80에서 120단어, 5~6학년은 90에서 130단어의 어휘 수를 더 늘려야 한다고 생각하는지에 대해서는 모든 교육 경력별로 반대하였고, 특히 교육 경력이 5년 미만인 교사들과 15년 이상인 교사들이 더 반대하는 것으로 나타났다.

1.4 영어교육 연수 경력별 차이 분석

영어교육 연수 경력별 평균, 표준편차, F검정, 유의확률, 사후검정 p값을 통한 차이 분석은 다음 〈표 6〉과 같다.

[표 6] 영어교육 연수 경력별 평균, 표준편차, F값 및 사후검정

		n	M	SD	F	p	post-hoc test(p값)
수준별 수업	60시간 미만	184	2.89	1.135			
	60 ~ 120	136	2.99	1.089			
	120	162	2.77	.975	1.11	0.35	
	121 ~ 180	61	3.02	.940			
	181 이상	90	2.88	.885			
	합계	633	2.89	1.034			
과업 중심 수업	60시간 미만	183	3.15	1.079			
	60 ~ 120	134	2.89	.978			
	120	159	3.10	.956	7.02***	0.000	60 미만과 60~120, 181 이상의 p=0.02, 0.001; 60~120과 121~180, 181 이상의 p=0.007, 0.000; 120과 181 이상의 p=0.000
	121 ~ 180	61	3.30	.882			
	181 이상	90	3.57	.794			
	합계	627	3.16	.989			
영어권 문화	60시간 미만	181	2.83	1.128			
	60 ~ 120	133	2.76	.994			
	120	161	2.91	1.036	2.35	0.053	

	121 ~ 180	61	3.07	.998			
	181 이상	89	3.13	.882			
	합계	625	2.90	1.035			
성취 기준	60시간 미만	186	3.06	1.035	11.65***	0.000	60 미만과 121~180, 181 이상의 p=0.000, 0.000; 60~120과 120, 121~180, 181 이상의 p=0.03, 0.000, 0.000; 120과 121~180, 181 이상의 p=0.004, 0.000
	60 ~ 120	136	2.99	1.025			
	120	161	3.24	.920			
	121 ~ 180	61	3.67	.978			
	181 이상	90	3.70	.942			
	합계	634	3.24	1.019			
현 교육과정에 어려움이 없음	60시간 미만	185	3.05	1.204	1.38	0.24	
	60 ~ 120	136	2.89	1.165			
	120	161	2.78	1.029			
	121 ~ 180	61	2.84	1.200			
	181 이상	89	3.00	1.148			
	합계	632	2.92	1.146			
문자언어를 가르치는 데 어려움이 없음	60시간 미만	183	2.71	1.021	2.33	0.055	
	60 ~ 120	136	2.74	1.013			
	120	160	2.91	1.039			
	121 ~ 180	61	2.92	1.229			
	181 이상	87	3.07	1.021			
	합계	627	2.84	1.050			
영어교육이 시들해졌음	60시간 미만	185	2.48	1.114	5.48***	0.000	60 미만과 120, 121~180, 181 이상의 p=0.002, 0.04, 0.000; 60~120과 120, 181 이상의 p=0.02, 0.001
	60 ~ 120	135	2.54	1.138			
	120	161	2.84	1.010			
	121 ~ 180	60	2.82	1.200			
	181 이상	89	3.04	1.177			
	합계	630	2.70	1.127			
전담교사	60시간 미만	186	3.89	1.258	3.02*	0.02	60 미만과 120, 121~180의 p=0.001, 0.03
	60 ~ 120	135	4.09	1.243			
	120	162	4.30	1.058			
	121 ~ 180	60	4.28	1.010			
	181 이상	89	4.09	1.302			
	합계	632	4.10	1.198			
담임교사	60시간 미만	184	2.17	1.146	2.95*	0.02	60 미만과 120의 p=0.04; 60~120과 181 이상의 p=0.03; 120과 181 이상의 p=0.001; 121~180과 181 이상의 p=0.03
	60 ~ 120	135	2.06	1.091			
	120	160	1.93	1.079			
	121 ~ 180	60	1.98	1.112			
	181 이상	89	2.40	1.277			
	합계	628	2.10	1.141			
4기능의 분리교육	60시간 미만	183	2.20	1.185	1.81	0.13	
	60 ~ 120	134	2.51	1.187			
	120	161	2.29	1.057			
	121 ~ 180	60	2.50	1.228			

	181 이상	88	2.25	1.225			
	합계	626	2.32	1.167			
3학년부터 실시	60시간 미만	184	3.10	1.274	0.63	0.64	
	60 ~ 120	133	2.98	1.308			
	120	157	3.06	1.292			
	121 ~ 180	59	3.03	1.326			
	181 이상	90	3.26	1.387			
	합계	623	3.08	1.306			
1학년부터 실시	60시간 미만	184	2.17	1.331	2.06	0.09	
	60 ~ 120	135	1.90	1.158			
	120	160	1.91	1.273			
	121 ~ 180	61	2.25	1.567			
	181 이상	90	2.23	1.399			
	합계	630	2.06	1.321			
유치원 영어교육 찬성	60시간 미만	186	2.07	1.252	1.22	0.30	
	60 ~ 120	134	2.10	1.213			
	120	160	2.17	1.301			
	121 ~ 180	61	2.31	1.478			
	181 이상	90	2.39	1.313			
	합계	631	2.17	1.289			
사교육 찬성	60시간 미만	186	2.42	1.215	5.62***	0.000	60 미만과 120, 181 이상의 p=0.01, 0.000; 60~120과 120, 181의 p=0.003, 0.000
	60 ~ 120	132	2.33	1.175			
	120	161	2.75	1.230			
	121 ~ 180	61	2.67	1.261			
	181 이상	89	2.99	1.239			
	합계	629	2.59	1.237			
주당 시수 늘림	60시간 미만	185	2.64	1.352	3.20*	0.01	60 미만과 60~120의 p=0.04; 60~120과 121~180, 181 이상의 p=0.04, 0.001; 120과 181 이상의 p=0.02
	60 ~ 120	133	2.33	1.260			
	120	161	2.50	1.295			
	121 ~ 180	61	2.77	1.499			
	181 이상	90	2.93	1.452			
	합계	630	2.60	1.358			
문자언어 강화	60시간 미만	186	2.66	1.204	3.54**	0.007	60 미만과 121~180의 p=0.007; 60~120과 121~180, 181 이상의 p=0.001, 0.01; 120과 121~180의 p=0.02
	60 ~ 120	134	2.52	1.168			
	120	160	2.73	1.121			
	121 ~ 180	60	3.13	1.282			
	181 이상	89	2.93	1.277			
	합계	629	2.73	1.204			
놀이 위주의 수업 재해석	60시간 미만	186	3.02	1.208	0.50	0.74	
	60 ~ 120	133	3.11	1.064			
	120	161	3.11	1.107			
	121 ~ 180	60	3.12	1.121			
	181 이상	89	3.22	1.194			

	합계	629	3.10	1.141			
단일 문장의 길이 제한 폐지	60시간 미만	183	2.86	1.147	0.90	0.46	
	60 ~ 120	132	2.73	1.049			
	120	158	2.97	1.134			
	121 ~ 180	60	2.90	1.231			
	181 이상	84	2.81	1.237			
	합계	617	2.86	1.144			
어휘 수 더 늘림	60시간 미만	184	2.67	1.107	4.69**	0.001	60 미만과 121~180, 181 이상의 p=0.02, 0.001; 60~120과 121~180, 181 이상의 p=0.02, 0.001; 120과 121~180, 181 이상의p=0.02, 0.001
	60 ~ 120	132	2.63	1.188			
	120	158	2.66	1.121			
	121 ~ 180	60	3.07	1.219			
	181 이상	84	3.18	1.282			
	합계	618	2.77	1.178			

*: pr<0.05, **: pr<0.01, ***: pr<0.001 수준에서 통계적으로 유의함

위 표에 의하면, 수준별 수업이 정상적으로 실시되고 있는지에 대해서는 모든 영어교육 연수 경력별로 부정적인 견해를 보였다.

과업 중심 수업에 대해서는 영어교육 연수 경력이 60시간 미만과 120시간 이상인 교사들은 과업 중심 수업 절차에 의해서 실시되고 있지 않다고 생각하고 있었으며, 영어교육 연수 경력이 60~120시간인 교사들은 약간 허용적인 견해를 보였다.

영어권 문화교육은 모든 영어교육 연수 경력별로 수업시간에 제대로 이루어지지 않고 있는 것으로 나타났다.

성취 기준의 인식 정도는 모든 영어교육 연수 경력별로 보통이었으나, 120시간 미만인 교사들과 120시간 이상인 교사들 사이에는 유의미한 차이를 보여, 영어교육 연수 경력이 많은 교사들이 학년별 성취 기준을 더 잘 알고 있는 것으로 나타났다.

현재 초등영어를 가르치는 데 어려움이 없는지에 대해서는, 모든 영어교육 연수 경력별로 어려움이 있는 것으로 나타났다.

문자언어인 읽기와 쓰기를 가르치는 데 어려움이 없는지에 대해서는 모든 영어교육 연수 경력별로 어려움이 있는 것으로

나타났다.

영어교육이 처음보다 시들해졌다고 생각하는지에 대해서는 영어교육 연수 경력이 181시간 이상인 교사들만이 보통이었고, 나머지 교사들은 시들해지지 않았다고 생각하고 있었다. 특히 영어교육 연수 경력이 120시간 미만인 교사들이 120시간 이상인 교사들보다 더 시들해지지 않았다고 생각하고 있었다. 심층면담과 수업관찰을 통해 살펴보았을 때, 영어교육 연수 경력이 많은 교사들은 다양한 수업 방법들을 원하고 있었지만, 교육과정에 나와 있는 활동 중심의 수업으로 인하여 영어교육에 점점 더 매력을 덜 느끼고 있는 것으로 나타났다.

초등영어는 전담교사와 담임교사 중에서 누가 가르쳐야 하는지에 대해서는 모든 영어교육 연수 경력별로 담임교사보다는 전담교사를 더 선호하였다.

언어 기능들을 통합해서 가르치는 것이 좋은지, 분리해서 가르치는 것이 좋은지에 대해서는 모든 영어교육 연수 경력별로 통합교육을 더 선호하였다.

초등영어를 현행대로 3학년부터 실시하는 것에 대해서는 모든 영어교육 연수 경력별로 찬성도 반대도 하지 않는 '보통'의 견해를 보였고, 1학년부터 실시하는 것은 모든 영어교육 연수 경력별로 반대를 하였다. 심층면담을 통해 살펴보았을 때, 교사들은 연수의 많고 적음에 상관없이 초등학교에서 영어를 가르치는 것에 대해 상당한 부담감을 가지고 있는 것으로 나타났다.

유치원의 영어교육을 찬성하는지에 대해서는 모든 영어교육 연수 경력별로 반대하였다.

초등영어의 사교육을 찬성하는지에 대해서는 모든 영어교육 연수 경력별로 반대하였고, 특히 연수 경력이 120시간 미만인 교사들이 120시간 이상인 교사들보다 더 반대하였다.

주당 시수를 늘려야 하는지에 대해서는 모든 영어교육 연수 경력별로 반대의 입장을 보였다.

음성언어 위주의 수업 대신에 문자언어도 강화해야 하는지에 대해서는 영어교육 연수 경력이 121~180인 교사들만 '보통'의 입장을 취했지만, 나머지 영어교육 연수 경력에서는 반대의 입장을 취했다. 하지만 영어교육 연수 경력이 120시간 이상인 교사들은 약간 허용적인 입장을 보였다.

노래·챈트·놀이 위주의 오락성 수업에 대해서는 모든 영어교육 연수 경력별로 찬성도 반대도 하지 않는 중간적인 입장을 취하였다.

교육과정에서 제시한 3~4학년은 7단어 내, 5~6학년은 9단어 내의 단일 문장의 길이 제한 폐지에 대해서는 모든 영어교육 연수 경력별로 학년별로 단일 문장의 길이에 제한을 두어야 한다는 입장을 취하였다.

교육과정에서 제시한 3~4학년은 80에서 120단어, 5~6학년은 90에서 130단어의 어휘 수를 더 늘려야 하는지에 대해서는 영어교육 연수 경력이 120시간 이하인 교사들은 반대하였지만, 121시간 이상인 교사들은 '보통'의 중간적인 입장을 보여 약간 허용 적이었으며 통계적으로도 유의미한 차이를 보였다.

2. 선택형 및 개방형 설문 문항 분석

제7차 초등영어 교육과정에 대한 2문항의 선택형 및 11문항의 개방형 설문 문항들을 분석한 결과는 다음 〈표 7〉과 같다.

[표 7] 선택형 및 개방형 설문 문항의 응답 내용 분석

문항	응답 내용(%)
1. 수행평가시 평가척도표	교사(80.6), 교사와 학생(17.1), 교사와 학생 그리고 학부모(2.3)
2. 권장 수업모형	상황 중심 수업모형(46.6), 과업 중심 수업모형(29.6), TPR(14.8), ppp수업모형(9.0)
3. 수준별 수업 기준	학습자 능력(26.1), 음성언어능숙도(21.6), 성취 기준(20.7), 중간 수준(18.0), 문자언어능숙도(3.2), 하위 수준(2.3), 흥미도(2.3), 상위 수준(1.8), 수준별 수업 어려움(1.8), 보충 수준(1.4), 하지 않음(0.9)
4. 문화교육 실시 불가 이유	교사 능력 부족(44.8), 교육자료 부족(23.3), 수업시수 부족(23.3), 교사의 인식 부족(4.7), 교육과정(2.9), 업무량(1.0)
5. 초등영어 평가	음성언어 평가(27.2), 수업 중 수행평가(22.8), 상황 중심에 따라 대처함(14.0), 정의적 영역 평가(10.8), 종합적 평가(6.4), 평가를 하지 않음(5.6), 수업 후 평가(4.0), 수준별 평가(3.2), 영역별 평가(2.8), 서술식 평가(2.4), 음성, 문자언어 통합평가(0.8)
6. 공교육 활성화 방안	전담교사 확충(28.6), 원어민 교사 확충(17.9), 교사 연수 기회 확대(15.5), 수업시수 확대(12.8), 자료 확충(5.9), 교육과정 개선(3.1), 수준별 수업(3.1), 영어를 사용할 수 있는 환경 조성(2.8), 특기적성 교육 활성화(1.7), 학생 수 줄이기(1.7), 활성화 시킬 필요가 없다(1.7), 교과서 재구성(1.4), 담임교사가 가르침(1.4), 다른 교과와의 통합교육(1.0), English Zone(0.7), 현행대로(0.7)
7. 초등영어 개선 방향	수준별 수업(15.0), 전담교사 확대(14.1), 교육과정 개편(14.1), 교사연수 확대(8.5), 원어민 교사 확대(8.1), 실용영어 위주로(7.3), 회화 중심(6.8), 사교육이 문제(5.1), 수업시수 확대(4.7), 수업자료 다양화(4.3), 영어를 사용할 수 있는 환경 조성(3.0), 문법 중심(2.6), 놀이 중심(2.1), 교수, 학습자료의 꾸준한 개발 보급(1.7), 학생 수 줄이기(1.3), 다른 교과와의 통합교육(0.4), 담임교사가 가르치게 할 것(0.4), English Zone(0.5)
8.문자언어를 가르치는 데 어려운 점	학생의 수준차가 심함(29.1), 흥미도 낮음(12.2), 발음지도 어려움(11.7), 수업시간 부족(10.2), 교사의 능력 부족(9.2), 분리적인 언어 지도(8.2), 수업자료 부족(7.7), 쓰기 부족(5.1), 교과서 구성 미흡(3.1), 학생 간 수준차(2.0), 학급당 학생 수가 많음(1.5)

9. 초등영어교육이 처음보다 시들해졌다고 생각하는 이유	사교육 확대(27.5), 관심 부족(18.3), 그렇게 생각 안함(14.1), 기대만큼 효과가 미치지 못함(9.9), 새로운 교육과정 필요(5.6), 교과의 하나로 인식(4.2), 교사의 열정 감소(3.5), 교사의 영어지도 능력 부족(3.5), 주준별 학습하기 어려움(2.8), 예산 자원 부족(2.8), 학습자의 흥미 감소(2.8), 수업 부담(2.2), 교사의 연수기회 줄어듦(1.4), 수업시간 감소(1.4)
10. 초등영어 사교육의 장점과 단점	장점: 실력 향상(15.4), 개별지도 가능(14.0), 영어교육의 확대와 원어민과의 대화(10.2), 기회 확대(8.1), 더 자세히 정확히 배움(8.1), 꾸준히 영어를 접할 수 있음(6.0), 경험의 폭 확대(6.0), 공교육 보조(5.6), 수준별 수업(5.6), 거부감 감소(5.3), 선행학습 가능(3.9), 심화학습 가능(3.2), 동기 부 여(2.5), 흥미 증가(2.2), 학생들의 자신감 향상(1.8), 다양한 교수, 학습법을 접할 수 있음(1.4), 영어교육의 질이 높아짐(0.7) 단점: 경제적 부담(33.8), 개인 차 심함(17.9), 공교육 붕괴 우려(15.0), 흥미 저하(10.6), 결과 중심의 교육(9.2), 과열 경쟁(4.3), 문법 위주(4.3), 교사의 자질(1.9), 교육 프로그램의 효율성 의심(1.4), 놀이 위주(0.9), 국어에 대한 정체성 상실(0.5)
11. 1학년부터 초등영어교육을 실시해야 한다고 생각하는 이유	어려서부터 외국어를 배우는 것이 효과적임(47.1), 조기교육(16.1), 거부감이 없는 나이(11.5), 사교육으로 수준 차가 심함(10.5), 영어에 대한 관심 증대(5.7), 발음 때문에(3.4), 시대흐름에 맞추어(3.4), LAD에 근거를 둠(2.3)
12. 현 교육과정의 가장 어려웠던 점	수준 차 심함(27.4), 교사자질 부족(24.7), 교수, 학습자료 부족(13.0), 전담교사 부족(9.9), 수업시간 부족(8.5), 교재 연구 시간 부족(3.6), 놀이 위주에 치우친 점(3.1), 교실영어(2.7), 흥미유발이 안됨(2.7), 교육과정 재구성(2.2), 과대한 성과 기대(2.2)
13. 현 교육과정의 가장 큰 문제점	수준 차 심함(15.1), 전담교사 부족(14.5), 교사자질 부족(8.6), 수업시수 부족(8.1), 분리적인 언어지도(7.0), 교육과정(7.0), 개별적인 지도가 어려움(5.9), 교재 구성(5.4), 공교육 부실(4.8), 자료 부족(4.3), 놀이 중심(3.2), 원어민 교사 배치(3.2), 실용영어가 아님(2.5), 문자교육 도외시함(2.2), 과도한 기대와 투자 및 노력(2.2), 사교육 조장(1.6), 교재 연구 시간 부족(1.1), 평가의 어려움(1.1), 학생 수가 너무 많음(1.1), 흥미 없음(1.1)

위 표에 의하면 수행평가시 평가척도는 대부분 교사들이 정하는 것으로 나타났으며, 학생과 학부모 참여는 극소수였다.

현 교육과정에서 권장하고 있는 수업모형에 대해서는 상황 중심 수업모형이라고 잘못 알고 있는 교사들이 가장 많았고, 그 다음으로 권장 수업모형인 과업 중심 수업모형, TPR, ppp 수업모형이라고 답하였다.

수준별 수업의 기준은 학습자 능력, 음성언어능숙도, 성취 기준, 중간 수준 순으로 비중을 두었으며, 문화교육을 실시하기가 불가능한 이유는 교사 능력 부족이 가장 많았고, 그 다음으로 교육자료 부족, 수업시수 부족 순이었다.

초등영어 평가는 음성언어 평가, 수업 중 수행평가, 상황 중심에 따라 대처함, 정의적 영역 평가 순이었지만 평가를 하지 않는다는 의견도 5.6%를 차지하였다.

공교육 활성화 방안은 전담교사 확충, 원어민 교사 확충, 교사 연수 기회 확대, 수업시수 확대 순으로 주를 이루었다.

초등영어 개선 방향은 수준별 수업, 전담교사 확대, 교육과정 개편, 교사연수 확대, 원어민 교사 확대 순으로 나타났다.

문자언어를 가르치는 데 어려운 점은 학생의 수준 차가 심하다는 것이 가장 높은 비율을 차지하였고, 그 다음으로 흥미도 낮음, 발음지도 어려움, 수업시간 부족, 교사의 능력 부족, 분리적인 언어 지도, 수업자료 부족 순이었다.

초등영어교육이 처음보다 시들해졌다고 생각하는 이유는 사교육 확대가 가장 많았고, 그 다음으로 관심 부족이 뒤를 따랐고, 그렇게 생각 안 한다는 의견도 14.1%를 차지하였다.

초등영어 사교육의 장점은 실력 향상, 개별지도 가능, 영어교육의 확대와 원어민과의 대화 순이었고, 단점은 경제적 부담이 가장 높은 비율을 차지하였고, 그 다음으로 개인 차 심함, 공교육 붕괴 우려, 흥미 저하 등을 들었다.

1학년부터 초등영어교육을 실시해야 한다고 생각하는 이유에 대해서는 어려서부터 외국어를 배우는 것이 효과적이라는 의견이 가장 높았고, 그 다음으로 조기교육, 거부감이 없는 나이, 사교육으로 수준 차가 심함 순이었다.

현 교육과정에서 가장 어려웠던 점은 수준 차 심함, 교사자질 부족, 교수, 학습자료 부족, 전담교사 부족, 수업시간 부족 순이었다.

현 교육과정의 가장 큰 문제점은 수준 차 심함, 전담교사 부족, 교사자질 부족, 수업시수 부족, 분리적인 언어지도 순이었다.

4 결론 및 제언

제4장 결론 및 제언

지금까지 교사들을 대상으로 제7차 초등영어 교육과정에 대해서 5점 척도 설문 문항과 선택 및 개방형 설문 문항을 통한 분석과 반구조화된 심층면담, 수업관찰, 관련 자료수집을 통한 분석을 시도하였다. 이를 통하여 나타난 결과는 다음과 같다.

수준별 수업은 수도권을 제외하고는 정상적으로 실시되고 있지 않는 것으로 나타났다. 특히 수도권도 정상적인 실시에 대해서는 약간 허용적일 뿐 완전하게 실시되고 있지는 않는 것으로 나타났다.

과업 중심 수업 실시에 대해서는 긍정도 부정도 하지 않아서 심층면담과 수업관찰을 통해 살펴 본 바, 교사들은 활동 중심의 단순한 과업 활동은 하고 있지만 진정한 과업 중심 수업절차, 즉 과업 전 활동, 과업순환활동, 과업 후 활동을 통한 수업은 하고 있지 않는 것으로 나타났다. 또한 선택형 설문 문항에서는 권장 수업모형으로 상황 중심 수업모형을 가장 많이 선택하였고, 그 다음으로 과업 중심 수업모형을 선택하였다.

영어권 문화교육은 전반적으로 잘 실시되고 있지 않는 것으로 나타났으며, 심층면담과 수업관찰에서 교사들은 영어권 문화수업은 원어민들의 사고방식과 우리와의 문화적 차이를 설명하는 정도이고, 좀 더 구체적으로 들어가서는 가령 인사하는 내용을 다룬다면, 영어권 문화에서의 호칭이나 우리의 경어 표현들을 가르치는 정도로 나타났다. 또한 개방형 설문 문항을 통하여 현장에서 문화교육을 실시하기가 어려운 이유를 알아본 결과는 교사의 능력 부족이 가장 많은 비중을 차지하였고, 그 다음으로 교육자료 부족과 수업시수 부족 순이었다.

학년별 성취 기준은 대부분의 교사가 정확하게 알고 있지 않는 것으로 나타났으며, 심층면담과 수업관찰에서 대부분의 교사들은 학년별 성취 기준을 토대로 수업 목표를 제시한다고 생각하고 있었으나 각 학년별 성취 기준의 내용에 대해서는 잘 모르고 있는 것으로 나타났다.

현재 초등영어를 가르치는 데에는 수도권보다는 충청, 호남, 영남, 제주권에서 어려움을 더 느끼는 것으로 나타났으며, 모든 학력별로는 약간의 어려움을 느끼고 있는 것으로 나타났다. 또한 교육경력이 짧은 5년 미만인 교사들과 오래된 15~20년 된 교사들은 다른 교사들보다 더 어려움을 느끼고 있는 것으로 나타났으며, 모든 영어교육 연수 경력별로도 어려움이 있는 것으로 나타났다. 개방형 설문 문항을 통해서 구체적인 어려움을 살펴보았을 때는 수준 차가 심하다는 것, 교사의 자질이 부족하다는 것, 교수, 학습 자료가 부족하다는 것, 전담교사가 부족하다는 것, 수업시간이 부족하다는 것 순이었다.

문자언어인 읽기와 쓰기를 가르치는 데 어려움이 없는지에 대해서는 모든 권역, 학력, 교육 경력, 영어교육 연수 경력별로 어려움이 있는 것으로 나타났다. 심층면담과 수업관찰을 통해서 구체적으로 살펴보았을 때, 교사들은 문자언어인 읽기와 쓰기가 음성언어인 듣기·말하기와 연계성이 없고, 교과서는 읽기와 쓰기의 활동이 단순하여 활동 중심으로 가르치기가 쉽지 않아 어려움을 느끼고 있는 것으로 나타났다. 또한 개방형 설문 문항을 통해서 살펴보았을 때는, 문자언어에 대해서 학생들의 수준 차가 심하고 흥미도가 낮으며, 교사들의 발음 지도가 어렵고, 수업시간이 부족하다는 어려운 점이 있는 것으로 나타났다.

영어교육이 처음보다 시들해졌다고 생각하는지에 대해서 교사들은 전반적으로 시들해지지 않았다고 생각하고 있었으나, 학력별에서 일반 박사는 아주 시들해졌다고 상반된 견해를 보였고, 영어교육 석사와 영어교육 연수 경력이 181시간 이상인 교사들은 '보통'으로 생각하고 있었다. 심층면담과 수업관찰에서는 영어교육 연수 경력이 많은 교사들은 교육과정에 전과 동일한 형식의 활동 중심의 수업보다는 다양한 수업 방법들을 원하고 있었다. 또한 개방형 설문 문항들을 통하여 초등영어교육이 처음보다 시들해졌다고 생각하는 이유를 살펴보았을 때, 사교육의 확대와 관심 부족을 가장 큰 이유로 들었다.

초등영어를 전담교사와 담임교사 중에서 누가 가르쳐야 하는지에 대해서 교사들은 전반적으로 전담교사가 가르쳐야 한다고 생각하고 있었다. 심층면담과 수업관찰에서는 전담교사가 더 적절하다고 생각하는 이유는 수업 준비 시간과 교사들의 영어 능력이었지만 여건이 충족된다면 학생들을 잘 파악하고 있는 담임교사가 영어를 가르치는 것이 더 적절하다고 생각하고 있었다. 또한 교육 경력이 많은 교사들은 음성언어 중심의 영어교육을 받지 않았기 때문에 학생들의 영어교육에 부담을 느끼고 있어서 전담교사가 영어를 가르쳐 주기를 원하는 것으로 나타났다.

듣기·말하기·읽기·쓰기 기능들을 통합해서 가르치는 것이 좋은지, 분리해서 가르치는 것이 좋은지에 대해서 교사들은 통합해서 가르치는 것을 선호하였다.

초등영어를 현행대로 3학년부터 실시하는 것이 좋은지, 아니면 1학년부터 실시하는 것이 좋은지에 대해서 교사들은 1학년 실시는 반대하였고, 3학년 실시는 긍정도 부정도 하지 않았다. 심층면담을 통해 살펴보았을 때, 1학년부터 실시하는 것에 반대하는 것은 교사들의 영어 능력에 대한 부담감 때문이었고, 3학년부터 실시하는 것에 대해서 긍정도 부정도 하지 않은 것은 국제어로서 영어의 중요성과 사교육의 영향으로 공교육에서 영어를 담당해야 하지만 교사들이 자신감이 없어서인 것으로 나타났다.

유치원의 영어교육에 대해서는 전반적으로 교사들이 반대하고 있는 것으로 나타났다.

초등영어 사교육에 대해서는 2명의 일반 박사 출신을 제외하고는 전반적으로 교사들이 반대하고 있는 것으로 나타났다. 개방형 설문 문항에서 교사들은 초등영어 사교육의 장점으로 실력 향상과 개별지도 가능을 들었고, 단점으로는 경제적 부담, 개인 차 심함, 공교육 붕괴 우려를 들었다.

주당 시수를 늘려야 하는지에 대해서는 교사들이 전반적으로 부정적인 견해를 가지고 있었지만 긍정도 부정도 하지 않거나 긍정하는 견해도 있었다. 심층면담에서는 교육 경력이 5년 미만인 교사들은 초등영어 수업 시간이 부족하다는 것을 인식하고 있었지만, 초등학교의 현 상황을 감안하면 찬성할 수 없는 입장이었다. 즉, 영어 외에 다른 과목들을 가르쳐야 하고, 영어 숙달도가 부족하기 때문에 주당 시수를 늘리는 데는 찬성하지 않는 것으로 나타났다.

음성언어 위주의 수업 대신에 문자언어도 강화해야 하는지에 대해서는 전반적으로 교사들이 반대하는 입장이었다. 심층면담과 수업관찰에서는 교육 경력이 5년 미만인 젊은 교사들은 문자언어도 초등학생들에게 음성언어 못지않게 중요하다고 생각하고 있었지만, 5년 이상인 교사들은 문자언어를 가르치는 데 두려움을 가지고 있기 때문에 반대하는 것으로 나타났다.

노래·챈트·놀이 위주의 수업에 대해서는 교사들이 긍정도 부정도 하지 않는 중간적인 입장을 보였다. 이를 심층면담과 수업관찰을 통해 살펴보았을 때, 교사들은 초등학생들에게 활동 중심의 수업이 적절하다고 생각하고 있었으며, 수행평가를 실시하고 계량적 평가를 가급적 자제하는 쪽으로 평가를 하기 때문에 학업성취도에는 관심을 가지고 있지 않았다. 또한 교사들은 초등학생들에게 활동 중심의 수업이 적절하다고 생각하고 있었으나, 학업성취도를 생각하면 이러한 수업 방법에 대해서 고려해 보아야 한다고 생각하고 있었다.

교육과정에서 제시한 3~4학년은 7단어 내, 5~6학년은 9단어 내의 단일 문장의 길이 제한 폐지에 대해서는 2명의 일반 박사를 제외하고는 전반적으로 교사들이 반대하고 있었다.

교육과정에서 제시한 3~4학년은 80에서 120단어, 5~6학년은 90에서 130단어의 어휘 수를 더 늘려야 하는지에 대해서는 2명의 일반 박사를 제외하고는 전반적으로 교사들이 반대하고 있었지만, 교대 영어 심화과정 졸업자와 영어교육 석사들, 영어교육 연수 경력이 121시간 이상인 교사들은 중간적인 입장을 보여 차이를 나타냈다.

마지막으로 공교육 활성화 방안으로 교사들은 전담교사 확충, 원어민 교사 확충, 교사 연수 기회 확대를 우선순위로 들었다. 아울러 현 교육과정의 가장 어려웠던 점으로 교사들은 학생들의 수준 차가 심하다는 것과 교사자질 부족, 전담 교사 부족, 교수, 학습 자료 부족을 가장 먼저 손꼽았다.

이상을 토대로 다음과 같은 제언을 하고자 한다.

앞으로의 초등영어교육은 사교육에 적절하게 대처할 수 있도록 공교육의 실정에 맞는 다양한 수업 방법과 교수, 학습 자료가 마련되어져야 할 것으로 여겨진다. 그 지역 실정에 맞는 다양한 교수, 학습방법을 통해서 학습자들이 영어에 대해서 흥미를 느끼고, 학업성취도도 향상시킬 수 있어야 할 것으로 여겨진다.

이를 좀 더 구체적으로 살펴보면 다음과 같다.

첫째, 초등영어교육에 있어서 수준별 수업은 수도권을 제외하고는 정상적으로 실시되고 있지 않았다. 따라서 교실 수업에 있어서 수준별 활동 수업이 이루어질 수 있도록 교과서나 워크북에서 수준에 따른 활동들이 제시되어져야 할 것으로 여겨진다. 특히 문자언어인 읽기와 쓰기에 있어서 학습자들에게 맞추어진 다양한 활동 중심의 자료들이 제공되어져야 할 것으로 여겨진다.

둘째, 영어권 문화교육이 전반적으로 잘 실시되고 있지 않기 때문에 우리 고유의 전통문화와 여러 나라들의 다양한 영어권 문화들이 포함된 활동들이 다음 교육과정에서는 제공되어져야 할 것으로 여겨진다.

셋째, 초등영어를 가르치는 데에 수도권보다는 충청, 호남, 영남, 제주권에서 어려움을 더 느끼는 것으로 나타났고, 모든 학력별로는 약간의 어려움을 느끼고 있는 것으로 나타났다. 또한 교육경력이 짧은 5년 미만인 교사들과 오래된 15~20년 된 교사들은 다른 교사들보다 더 어려움을 느끼고 있는 것으로 나타났으며, 모든 영어교육 연수 경력별로도 어려움이 있는 것으로 나타났다. 따라서 젊은 교사들뿐만 아니라 지역의 경력이 많은 교사들에게도 초등영어 연수 기회가 더 많이 주어져야 할 것으로 여겨진다.

넷째, 초등영어의 듣기·말하기·읽기·쓰기를 교사들은 통합적으로 가르치는 것을 선호하였기 때문에 앞으로 교육과정에서는 현재의 음성언어 보조수단인 읽기·쓰기의 연계성에 심혈을 기울여야 할 것으로 여겨진다.

다섯째, 현재 초등 교사들이 유치원 영어교육과 1학년부터 영어를 실시하는 것을 반대하고 있으며, 3학년부터 실시하는 것도 적극적으로 찬성하지 않고 있다. 따라서 초등 교사들이 심리적으로 부담을 갖지 않고, 영어교육을 실시할 수 있는 제반 여건들이 조성되어질 필요가 있다고 여겨진다.

여섯째, 이 연구에서 주당 시수 확장과 어휘 수 확장에 대해서는 교사들이 전반적으로 부정적인 견해를 보였기 때문에 주당 시수를 늘리는 문제는 신중하게 접근할 필요가 있다고 여겨진다.

일곱째, 초등영어교육의 활동 중심의 수업에 대해서는 활동들이 앞으로 학생들의 영어 실력도 향상되는 방향으로 교육과정에 제시될 수 있도록 노력을 기울여야 할 것으로 여겨진다. 단순히 놀이를 위한 활동이 아닌 학생들의 영어 실력을 향상시킬 수 있는 방향으로 나아가야 할 것으로 여겨진다.

참고문헌

김상재. (2005, 1월). 「초등학교 영어과 교육과정의 개선방향」. 한국초등영어교육학회 학술대회발표논문, 경인교육대학교.

김소영. (2001). 「초등학교 영어교과서 어휘분석을 통한 어휘지도방법」. 석사학위논문, 진주교육대학교 교육대학원.

김송희. (2002). 「초등영어 CD-ROM 타이틀에 나타난 문화 내용 분석 및 교사의 인식도 조사」. 석사학위논문, 대구교육대학교 교육대학원.

김영숙. (2002). 제7차 초등영어 3, 4학년 교과서의 놀이 활동 및 그 활용 실태. 초등영어교육, 8(2), 31~62.

김영철. (2004). 제7차 초등영어 교육과정의 현황에 관한 연구: 교사와 장학사 중심 설문 조사를 통하여. 초등영어교육, 10(1), 5~41.

김장규, 윤지여. (2002). 초등학교 영어과 CD-ROM 타이틀 활용에 관한 조사 연구. 초등영어교육, 8(2), 121~148.

김진철. (2003). 초등학교와 중학교 영어교과서의 네 가지 기능 지도 비율에 대하여. 초등영어교육, 9(1), 51~68.

김진철, 박기화. (1999). 초등영어 교육 실시 효과에 관한 연구. 초등영어교육, 5(2), 191~224.

노현수. (2001). 「초등학교 영어 교과서의 문화 내용 분석」. 석사학위논문, 공주교육대학교 교육대학원.

도명기, 김정삼. (2003). 초등영어 수행평가 루브릭의 개발과 적용의 방향. 초등영어교육, 9(2), 39~54.

박영예. (2003). 제7차 교육과정 초등영어 3, 4학년 교재에 대한 학생들의 만족도 분석. 초등영어교육, 9(2), 93~122.

박옥희. (2004, 1월). 「초등영어 교육에서의 문화지도 내용의 선정 및 계열화」. 한국초등영어교육학회 학술대회발표논문, 공주교육대학교.

박유신. (2001). 「초등영어 문화교육의 개선 방향」. 석사학위논문, 서울교육대학교 교육대학원.

박정애. (2001). 「초등학교 저학년 아동의 수준별 어휘 지도 방법 개발」. 석사학위논문, 대구교육대학교 교육대학원.

백금숙. (2000). 「초등영어교육의 지역간 차이에 관한 연구」. 석사학위논문, 숭실대학교 교육대학원.

성춘자. (2001). 「제7차 교육과정하의 초등 영어 CD-ROM 타이틀 및 인터넷 활용 모델 개발에 관한 연구」. 석사학위논문, 동덕여자대학교 교육대학원.

안현모. (2001). 「제7차 교육과정에 준거한 초등학교 영어과 학습자용 CD-ROM의 활용 양상에 관한 연구: 지각양식이 CD-ROM 학습에 미치는 효과를 중심으로」. 석사학위논문, 한국교원대학교 대학원.

오순임. (2000). 「초등학교 학생이 바라본 영어교육 실태 분석」. 석사학위논문, 공주교육대학교 교육대학원.

오연화. (2001). 「초등학교 4학년 영어 교재 분석 및 평가: 제7차 교육과정을 중심으로」. 석사학위논문, 가톨릭대학교 교육대학원.

이성뢰. (2002). 「제7차 초등영어 교과서 분석: 대화 예문 중심으로」. 석사학위논문, 대구교육대학교 교육대학원.

이영희. (2002). 초등영어 문화지도 모형 개발을 위한 연구. 초등영어교육, 8(1), 167~212.

이찬현. (2001). 「초등학교 영어 교과서에 선정된 신어휘에 관한 연구」.

석사학위논문, 공주대학교 대학원.
이효은. (2001). 「초등학교 영어 교과서 내용 분석: 제7차 교육과정을 중심으로」. 석사학위논문, 한양대학교 교육대학원.
임찬빈, 전애리. (2002). 「영어과 교육목표 및 내용체계 연구」. 연구보고 RRC 2002-8. 서울: 한국교육과정평가원.
임춘희. (2004). 「초등학교 7차 교육과정 영어과 CD-ROM 타이틀 분석」. 석사학위논문, 공주교육대학교 교육대학원.
조소담. (2001). 「제7차 교육과정에 따른 초등영어 3학년 교과서 분석: 참관수업을 중심으로」. 석사학위논문, 중앙대학교 교육대학원.
장은영. (2002). 「초등학교 영어 교과서 내용분석: 7차 교육 과정 중심」. 석사학위논문, 호남대학교 대학원.
최진황. (2003, 7월). *The national curriculum revision:* 교육과정 구성의 원리 및 실제. 한국외국어교육학회 여름학술대회 워크샵. 서울대학교.
최진황, 이윤. (2004). 제7차 초등영어 교육과정의 현장 적용 실태 분석. *Foreign Languages Education,* 11(2), 349~375.

부록

부록 1. 제7차 초등영어 교육과정에 대한 설문조사서 (교사용)

부록 2. 반구조화된 심층면담지 (교사용)

부록 3. 교사용 통계분석 자료

부록 1 제7차 초등영어 교육과정에 대한 설문조사서 (교사용)

본 설문지는 제7차 초등영어 교육과정의 현황에 대해서 일선 초등학교 현장 선생님들의 진솔한 의견을 듣고 초등영어교육의 올바른 방향을 모색해 보기 위한 것입니다. 현재 시행되고 있는 초등영어교육에 대해서 현장의 상황들을 정확하게 답변해 주시기 바랍니다. 본 설문지는 조사 및 학문적 목적으로만 사용되어질 것이며, 신상에 관한 것은 공개되지 않습니다. 감사합니다.

○ 지역: 특별시 / 광역시 / 시 / 군(읍, 면)

○ 직위:

○ 나이: 만 세

○ 성별:

○ 학력: 교대 졸업 ( ) 일반대 졸업 ( ) 교대 영어 심화과정 ( ) 영어교육 석사과정 / 졸업 ( ) 석사과정 / 졸업 ( ) 영어교육 박사과정 / 졸업( ) 박사과정 / 졸업 ( )

○ 교육 경력: 5년 미만 ( ) 5년 이상 10년 미만 ( ) 10년 이상 15년 미만 ( ) 15년 이상 20년 미만 ( ) 20년 이상 ( )

○ 학년별 지도 경험: 3학년 ( )년, 4학년 ( )년, 5학년 ( )년, 6학

년 ( )년

ㅇ 영어교육 연수 경력: 60시간 미만 ( ) 60시간 이상 120시간 미만 ( ) 120 시간 ( ) 121시간 이상 180시간 ( ) 181시간 이상 ( )

1. 5점 척도 설문 문항: **다음 질문에 대하여 1~5점 사이의 해당 점수에 ○표 하세요.**
(1점: 전혀 아니다, 2점: 아니다, 3점: 보통이다, 4점: 그렇다, 5점: 아주 그렇다)

1) 제7차 초등영어 교육과정에서 추구하고 있는 수준별 수업이 정상적으로 실시되고 있다. (1 / 2 / 3 / 4 / 5)점
2) 영어 수업이 과업 중심 수업 절차에 의한 과업 중심으로 진행된다. (1 / 2 / 3 / 4 / 5)점
3) 영어권 문화에 대해서 수업시간에 가르치고 있다. (1 / 2 / 3 / 4 / 5)점
4) 제7차 초등영어 교육과정에서 제시하고 있는 학년별 듣기·말하기·읽기·쓰기의 성취 기준(learning standards)을 잘 알고 있다. (1 / 2 / 3 / 4 / 5)점
5) 현행 교육과정만으로 초등영어를 가르치는 데 어려움이 없다고 생각한다. (1 / 2 / 3 / 4 / 5)점
6) 제7차 초등영어 교육과정에서 음성언어의 보조수단으로 되어 있는 문자언어인 읽기와 쓰기는 가르치는 데 어려움이 없다. (1 / 2 / 3 / 4 / 5)점
7) 영어교육이 처음보다 많이 시들해졌다고 생각한다. (1 / 2 / 3 / 4 / 5)점

8) 초등영어는 전담교사가 가르쳐야 한다고 생각한다.

(1 / 2 / 3 / 4 / 5)점

9) 초등영어는 담임교사가 가르쳐야 한다고 생각한다.

(1 / 2 / 3 / 4 / 5)점

10) 듣기·말하기·읽기·쓰기를 통합보다는 학년별로 분리해서 가르치는 것이 좋다. (1 / 2 / 3 / 4 / 5)점

11) 초등영어는 현행대로 3학년부터 실시하는 것이 좋다.

(1 / 2 / 3 / 4 / 5)점

12) 초등영어는 1학년부터 실시하는 것이 좋다.

(1 / 2 / 3 / 4 / 5)점

13) 유치원의 영어교육을 찬성한다. (1 / 2 / 3 / 4 / 5)점

14) 초등영어에 대한 사교육을 찬성한다.

(1 / 2 / 3 / 4 / 5)점

15) 초등영어의 주당 시수를 늘려야 한다고 생각한다.

(1 / 2 / 3 / 4 / 5)점

16) 음성언어 위주의 수업 대신에 문자언어도 강화해야 한다.

(1 / 2 / 3 / 4 / 5)점

17) 노래·챈트·놀이 위주의 오락성 수업을 재해석해야 한다고 생각한다. (1 / 2 / 3 / 4 / 5)점

18) 교육과정에서 제시한 3~4학년은 7단어 내외, 5~6학년은 9단어 내외의 단일 문장의 길이 제한을 폐지해야 한다고 생각한다. (1 / 2 / 3 / 4 / 5)점

19) 교육과정에서 제시한 3~4학년은 80에서 120단어, 5~6학년은 90에서 130단어의 어휘 수를 더 늘려야 한다고 생각한다. (1 / 2 / 3 / 4 / 5)점

2. **개방형 및 선택형 설문 문항: 다음 질문에 대하여 선택형 문항은 해당 사항에 ○표 하시고 개방형 문항은 간략하면서도 구체적으로 대답해 주세요.**

1) 수행평가시 평가척도표는 누가 정하나요? (교사 / 교사와 학생 / 교사와 학생 그리고 학부모)
2) 제7차 초등영어 교육과정은 어떤 수업모형을 권장하고 있는지요? (ppp 수업모형 / 상황 중심 수업모형 / 과업중심 수업모형 / TPR)
3) 수준별 수업을 한다면 그 기준은 어디다 두고 있는지요? ( )
4) 학생들에게 문화교육을 시키지 못하고 있다면 그 이유는 무엇이라고 생각하십니까? ( )
5) 제7차 초등영어 교육과정에서는 평가를 어떻게 해야 한다고 생각하십니까? 간략하면서도 구체적으로 써 주십시오.
6) 초등영어에 관해서 학교 공교육을 활성화시키기 위해서는 어떻게 해야 한다고 생각하십니까?
7) 초등영어에 관해서 문제가 있다면 어느 방향으로 개선했으면 하는지요? 구체적으로 써 주십시오.
8) 초등영어 문자언어인 읽기와 쓰기를 가르치는 데 어려운 점은 무엇입니까? 구체적으로 써 주십시오.
9) 초등영어교육이 처음보다 시들해졌다고 생각하신다면 그 이유는 무엇이라고 생각하십니까?
10) 초등영어 사교육의 장점과 단점을 써 주십시오.

장점:

단점:

11) 초등학교 1학년부터 영어를 실시해야 한다고 생각하신다면 그 이유는 무엇입니까?

12) 제7차 초등영어 교육과정을 실시하면서 가장 어려웠던 점은 무엇이라고 생각하십니까?

13) 제7차 초등영어 교육과정의 가장 큰 문제점은 무엇이라고 생각하십니까?

부록 2 반구조화된 심층면담지 (교사용)

ㅇ지역: 특별시 / 광역시 / 시 / 군(읍, 면)

ㅇ직위:

ㅇ나이: 만　세

ㅇ성별:

ㅇ학력: 교대 졸업 ( ) 일반대 졸업 ( ) 교대 영어 심화과정 ( ) 영어교육 석사과정 / 졸업 ( ) 석사과정 / 졸업 ( ) 영어교육 박사과정 / 졸업( ) 박사과정 / 졸업 ( )

ㅇ교육 경력: 5년 미만 ( ) 5년 이상 10년 미만 ( ) 10년 이상 15년 미만 ( ) 15년 이상 20년 미만 ( ) 20년 이상 ( )

ㅇ학년별 지도 경험: 3학년 ( )년, 4학년 ( )년, 5학년 ( )년, 6학년 ( )년

ㅇ영어교육 연수 경력: 60시간 미만 ( ) 60시간 이상 120시간 미만 ( ) 120 시간 ( ) 121시간 이상 180시간 ( ) 181시간 이상 ( )

수업 목표

1. 수업 목표를 교육과정을 토대로 재구성해서 사용하십니까?
2. 다른 교과도 통합한 수업 목표를 제시하십니까?

3. 수업 목표를 선생님 나름대로 제시하는 방법(과업 중심 수업 목표 등)이 있습니까?
4. 수업 목표를 수준별로 나누어서 제시하십니까?
5. 수업 목표를 제시할 때, 영어권 문화에 대해서도 포함을 하십니까?
6. 수업 목표를 제시할 때, 교육과정에 제시된 성취 기준을 토대로 제시하십니까?
7. 그 지역의 특성들을 고려하여 수업 목표를 제시하십니까?
8. 지역의 특성들을 구체적으로 수업 목표에 어떻게 반영하십니까?
9. 지역의 특성들을 수업 목표에 반영할 수 없다면 왜 그러신지요?

수업 내용

1. 다른 교과목들을 활용하여 통합적인 내용으로 어떻게 영어교육을 실시하나요?
2. 과업 중심으로 수업을 진행한다면 구체적으로 어떠한 내용으로 수업을 하나요?
3. 이미 배운 다른 과목들의 내용을 통합하여 수업을 못한다면 이유는 무엇인가요?
4. 수업내용에 ESL 자료들을 활용하여 영어수업을 하십니까?
5. 음성언어인 듣기와 말하기 수업을 교과서를 재구성한 내용(단일 문장의 길이 제한 폐지, 어휘 수 확장 등)으로 수업을 하십니까?
6. 문자언어인 읽기와 쓰기를 교과서를 재구성한 내용(단일 문장의 길이 제한 폐지, 어휘 수 확장 등)으로 수업을 하십니

까?

7. 듣기와 말하기를 분리한 내용으로 가르치십니까, 아니면 통합한 내용으로 가르치십니까?
8. 읽기와 쓰기를 분리한 내용으로 가르치십니까, 아니면 통합한 내용으로 가르치십니까?
9. 읽기와 쓰기를 듣기와 말하기처럼 활동 중심으로 재구성하여 가르치십니까?
10. 수업 내용은 학습자의 수준을 고려하여 가르치십니까?
11. 수업 내용에 영어권 문화도 포함하여 가르치십니까?
12. 수업 내용은 그 지역의 특성을 반영해 구성하십니까?
13. 그 지역의 특성을 반영해 수업 내용을 진행했을 때, 장점과 단점은 무엇이라고 생각하십니까?

수업 방법

1. 수업 방법은 교육과정을 재구성하여 하나요? 한다면 어떻게 수업을 하나요?
2. 과업 중심으로 수업을 한다면 어떻게 하나요?
3. 다른 교과목들을 활용하여 통합적으로 영어교육을 실시하나요?
4. 수업 방법은 다양한 학습 자료들을 활용하여 영어수업을 하십니까?
5. 음성언어인 듣기와 말하기 수업을 활동 중심으로만 수업을 하시나요?
6. 음성언어인 듣기와 말하기 수업을 교과서를 재구성하여 수업을 하십니까?
7. 음성언어와 마찬가지로 문자언어도 똑같이 중요하게 여기고

가르치십니까?

8. 문자언어인 읽기와 쓰기를 교과서를 재구성하여 수업을 하십니까?
9. 문자언어인 읽기와 쓰기를 활동 중심으로 수업을 하십니까?
10. 듣기와 말하기를 분리하여 가르치십니까, 아니면 통합하여 가르치십니까?
11. 읽기와 쓰기를 분리하여 가르치십니까, 아니면 통합하여 가르치십니까?
12. 수업 방법은 지역의 특성과 학습자들의 다양성을 고려하여 가르치십니까? 또한 담임교사와 전담교사 중에 누가 초등 영어 수업 방법에 적절하다고 생각하십니까?

평가

1. 다른 과목들을 통합하여 수업을 진행했다면, 평가는 다른 과목들의 내용을 포함 하십니까?
2. 평가는 학생들의 수준에 맞추어 평가를 하십니까?
3. 평가는 학생들의 정의적 영역에 맞추어 평가를 하십니까?
4. 평가는 학생들의 인지적 영역에 맞추어 평가를 하십니까?
5. 수행평가는 어떻게 하십니까?
6. 성취도 검사도 수행평가에 반영하십니까?
7. 수행평가가 학생들의 학업성취도에 긍정적인 영향을 주었다고 생각하십니까?
8. 수행평가 내용에는 그 지역의 특성들을 고려한 내용들을 포함하십니까?
9. 평가도구는 구체적으로 어떠한 것들을 사용하십니까?

부록 3 교사용 통계분석 자료

신뢰도분석

케이스 처리 요약

		N	%
케이스	유효	602	87.8
	제외됨(a)	84	12.2
	합계	686	100.0

a 목록별 삭제는 프로시저의 모든 변수를 기준으로 합니다.

신뢰도 통계량

Cronbach의 알파	Cronbach's Alpha Based on Standardized Items	항목 수
.616	.611	19

항목 통계량

	평균	표준 편차	N
v1_1	2.87	1.045	602
v1_2	3.14	1.005	602
v1_3	2.89	1.012	602
v1_4	3.22	1.005	602
v1_5	2.92	1.151	602
v1_6	2.86	1.038	602
v1_7	2.68	1.121	602
v1_8	4.07	1.191	602
v1_9	2.11	1.146	602
v1_10	2.33	1.163	602

	평균	표준 편차	N
v1_11	3.08	1.298	602
v1_12	2.06	1.320	602
v1_13	2.20	1.313	602
v1_14	2.55	1.223	602
v1_15	2.58	1.358	602
v1_16	2.76	1.208	602
v1_17	3.08	1.136	602
v1_18	2.86	1.137	602
v1_19	2.80	1.181	602

요약 항목 통계량

	평균	최소값	최대값	범위	최대값 / 최소값	분산	항목 수
항목 평균	2.792	2.063	4.071	2.008	1.973	.213	19
항목 분산	1.358	1.010	1.844	.834	1.826	.066	19

공분산 행렬을 계산하여 분석에 사용합니다.

항목 총계 통계량

	항목이 삭제된 경우 척도 평균	항목이 삭제된 경우 척도 분산	수정된 항목: 전체 상관관계	제곱 다중 상관관계	항목이 삭제된 경우 Cronbach 알파
v1_1	50.18	58.888	.122	.331	.614
v1_2	49.91	57.501	.225	.351	.602
v1_3	50.16	57.595	.216	.324	.603
v1_4	49.83	57.068	.254	.301	.599
v1_5	50.13	59.887	.041	.301	.626
v1_6	50.20	57.938	.185	.164	.607
v1_7	50.38	57.633	.179	.120	.608
v1_8	48.98	63.372	-.150	.540	.651
v1_9	50.94	58.141	.142	.568	.613
v1_10	50.73	60.326	.014	.082	.630
v1_11	49.98	60.412	-.008	.260	.636
v1_12	50.99	53.840	.328	.493	.586
v1_13	50.86	53.244	.364	.425	.580
v1_14	50.50	53.608	.382	.316	.579
v1_15	50.47	50.865	.476	.416	.560
v1_16	50.30	53.011	.425	.320	.572
v1_17	49.97	56.855	.221	.201	.602
v1_18	50.19	54.995	.335	.299	.587
v1_19	50.26	53.563	.404	.375	.576

척도 통계량

평균	분산	표준 편차	항목 수
53.05	61.937	7.870	19

요인분석

KMO와 Bartlett의 검정

표준형성 적절성의 Kaiser-Meyer-Olkin 측도		.739
Bartlett의 구형성 검정	근사 카이제곱	2720.750
	자유도	171
	유의확률	.000

공통성

	초기	추출		초기	추출
v1_1	1.000	.607	v1_11	1.000	.667
v1_2	1.000	.578	v1_12	1.000	.750
v1_3	1.000	.587	v1_13	1.000	.734
v1_4	1.000	.511	v1_14	1.000	.633
v1_5	1.000	.596	v1_15	1.000	.544
v1_6	1.000	.502	v1_16	1.000	.533
v1_7	1.000	.333	v1_17	1.000	.555
v1_8	1.000	.842	v1_18	1.000	.527
v1_9	1.000	.853	v1_19	1.000	.548
v1_10	1.000	.512			

추출 방법: 주성분 분석.

설명된 총분산

성분	초기 고유값			추출 제곱합 적재값			회전 제곱합 적재값		
	전체	% 분산	% 누적	전체	% 분산	% 누적	전체	% 분산	% 누적
1	3.646	19.191	19.191	3.646	19.191	19.191	2.467	12.984	12.984
2	2.543	13.384	32.576	2.543	13.384	32.576	2.458	12.939	25.923
3	1.690	8.892	41.468	1.690	8.892	41.468	2.104	11.073	36.997
4	1.276	6.717	48.185	1.276	6.717	48.185	1.790	9.422	46.419
5	1.228	6.465	54.650	1.228	6.465	54.650	1.335	7.024	53.443
6	1.030	5.423	60.073	1.030	5.423	60.073	1.260	6.630	60.073
7	.947	4.986	65.059						
8	.897	4.720	69.779						
9	.719	3.786	73.565						

10	.710	3.738	77.303						
11	.649	3.416	80.719						
12	.632	3.325	84.044						
13	.541	2.846	86.890						
14	.535	2.814	89.703						
15	.510	2.682	92.386						
16	.450	2.370	94.756						
17	.419	2.203	96.959						
18	.329	1.731	98.690						
19	.249	1.310	100.000						

추출 방법: 주성분 분석.

성분행렬(a)

	성분					
	1	2	3	4	5	6
v1_1	-.310	.572	.027	.101	.300	-.287
v1_2	-.177	.690	.164	-.195	-.059	-.055
v1_3	-.125	.696	-.060	-.261	.034	-.119
v1_4	-.122	.674	.121	-.045	-.150	-.057
v1_5	-.363	.478	-.238	.316	.279	-.042
v1_6	-.099	.411	-.118	.526	.081	.158
v1_7	.335	-.007	-.012	.421	-.172	.119
v1_8	-.256	-.050	.859	.135	.135	.005
v1_9	.379	.212	-.780	-.049	-.178	.145
v1_10	.085	-.136	-.070	.630	.291	.006
v1_11	-.305	.324	.127	.177	-.418	.496
v1_12	.657	.083	-.028	-.134	.540	-.043
v1_13	.618	.124	.055	-.145	.464	.314
v1_14	.534	.177	.326	-.013	.068	.454
v1_15	.660	.297	.021	-.094	-.027	.101
v1_16	.580	.245	.200	.092	-.286	-.085
v1_17	.491	-.034	.017	.298	-.164	-.444
v1_18	.591	.113	.219	.040	-.208	-.267
v1_19	.683	.130	.077	.090	-.154	-.164

요인추출 방법: 주성분 분석.
a 추출된 6 성분

회전된 성분행렬(a)

	성분					
	1	2	3	4	5	6
v1_1	-.118	.663	-.093	-.125	.302	-.194
v1_2	.012	.733	.034	-.072	-.089	.162
v1_3	-.032	.748	.056	.133	-.079	.003
v1_4	.120	.667	-.022	-.023	.013	.226
v1_5	-.262	.470	-.111	.096	.533	-.026
v1_6	.003	.253	.017	.071	.611	.242
v1_7	.371	-.210	.087	.083	.302	.215
v1_8	-.025	.046	.021	-.908	.017	.118
v1_9	.135	.025	.137	.899	.061	.059
v1_10	.057	-.261	.035	-.070	.650	-.110
v1_11	-.109	.198	-.085	-.043	.087	.774
v1_12	.216	-.005	.683	.105	.057	-.473
v1_13	.100	-.038	.833	.075	.033	-.149
v1_14	.261	-.038	.684	-.116	-.019	.286
v1_15	.464	.117	.514	.208	-.074	.038
v1_16	.676	.086	.219	.023	-.049	.132
v1_17	.676	-.112	-.088	.049	.147	-.233
v1_18	.695	.021	.157	-.035	-.105	-.079
v1_19	.678	-.024	.263	.115	-.011	-.065

요인추출 방법: 주성분 분석.
회전 방법: Kaiser 정규화가 있는 베리멕스.
a 6 반복계산에서 요인회전이 수렴되었습니다.

성분 변환행렬

성분	1	2	3	4	5	6
1	.709	-.230	.599	.244	-.056	-.150
2	.151	.918	.191	.132	.187	.213
3	.221	.062	.164	-.927	-.183	.168
4	.260	-.206	-.205	-.130	.892	.188
5	-.441	.065	.505	-.194	.361	-.615
6	-.404	-.231	.529	.098	.053	.701

요인추출 방법: 주성분 분석.
회전 방법: Kaiser 정규화가 있는 베리멕스.

교차분석

케이스 처리 요약

	케이스					
	유효		결측		전체	
	N	퍼센트	N	퍼센트	N	퍼센트
직위 * 권역별	686	100.0%	0	.0%	686	100.0%
성별 * 권역별	678	98.8%	8	1.2%	686	100.0%
학력 * 권역별	680	99.1%	6	.9%	686	100.0%
교육경력 * 권역별	675	98.4%	11	1.6%	686	100.0%
연수경력 * 권역별	636	92.7%	50	7.3%	686	100.0%

직위 * 권역별 교차표

			권역별					전체
			수도권	충청권	호남권	영남권	제주권	
직위	교감	빈도	0	4	0	0	1	5
		권역별의 %	.0%	3.2%	.0%	.0%	2.9%	.7%
	교사	빈도	196	120	157	174	33	680
		권역별의 %	100.0%	96.8%	100.0%	100.0%	94.3%	99.1%
	교장	빈도	0	0	0	0	1	1
		권역별의 %	.0%	.0%	.0%	.0%	2.9%	.1%
전체		빈도	196	124	157	174	35	686
		권역별의 %	100.0%	100.0%	100.0%	100.0%	100.0%	100.0%

성별 * 권역별 교차표

			권역별					전체
			수도권	충청권	호남권	영남권	제주권	
성별	남	빈도	39	25	43	25	5	137
		권역별의 %	20.0%	20.3%	27.9%	14.5%	14.7%	20.2%
	여	빈도	156	98	111	147	29	541
		권역별의 %	80.0%	79.7%	72.1%	85.5%	85.3%	79.8%
전체		빈도	195	123	154	172	34	678
		권역별의 %	100.0%	100.0%	100.0%	100.0%	100.0%	100.0%

학력 * 권역별 교차표

			권역별					전체
			수도권	충청권	호남권	영남권	제주권	
학력	교대 졸	빈도	133	90	124	134	27	508
		권역별의 %	68.6%	73.2%	80.0%	77.5%	77.1%	74.7%
	일반대 졸	빈도	12	9	8	8	0	37
		권역별의 %	6.2%	7.3%	5.2%	4.6%	.0%	5.4%
	교대 영어 심화과정	빈도	6	3	2	8	2	21
		권역별의 %	3.1%	2.4%	1.3%	4.6%	5.7%	3.1%
	영어교육 석사	빈도	7	12	9	12	1	41
		권역별의 %	3.6%	9.8%	5.8%	6.9%	2.9%	6.0%
	영어교육 박사	빈도	35	9	12	10	5	71
		권역별의 %	18.0%	7.3%	7.7%	5.8%	14.3%	10.4%
	일반 박사	빈도	1	0	0	1	0	2
		권역별의 %	.5%	.0%	.0%	.6%	.0%	.3%
전체		빈도	194	123	155	173	35	680
		권역별의 %	100.0%	100.0%	100.0%	100.0%	100.0%	100.0%

교육경력 * 권역별 교차표

			권역별					전체
			수도권	충청권	호남권	영남권	제주권	
교육경력	5년 미만	빈도	44	34	74	45	14	211
		권역별의 %	22.7%	28.6%	48.1%	26.0%	40.0%	31.3%
	5 ~ 10	빈도	57	26	32	50	9	174
		권역별의 %	29.4%	21.8%	20.8%	28.9%	25.7%	25.8%
	10 ~ 15	빈도	18	25	7	25	6	81
		권역별의 %	9.3%	21.0%	4.5%	14.5%	17.1%	12.0%
	15 ~ 20	빈도	30	18	14	24	1	87
		권역별의 %	15.5%	15.1%	9.1%	13.9%	2.9%	12.9%
	20년 이상	빈도	45	16	27	29	5	122
		권역별의 %	23.2%	13.4%	17.5%	16.8%	14.3%	18.1%
전체		빈도	194	119	154	173	35	675
		권역별의 %	100.0%	100.0%	100.0%	100.0%	100.0%	100.0%

연수경력 * 권역별 교차표

			권역별					전체
			수도권	충청권	호남권	영남권	제주권	
연수경력	60시간 미만	빈도	67	19	70	28	2	186
		권역별의 %	35.6%	17.3%	48.6%	17.6%	5.7%	29.2%
	60 ~ 120	빈도	42	36	31	23	4	136
		권역별의 %	22.3%	32.7%	21.5%	14.5%	11.4%	21.4%
	120	빈도	32	32	27	60	12	163
		권역별의 %	17.0%	29.1%	18.8%	37.7%	34.3%	25.6%
	121 ~ 180	빈도	13	7	8	25	8	61
		권역별의 %	6.9%	6.4%	5.6%	15.7%	22.9%	9.6%
	181시간 이상	빈도	34	16	8	23	9	90
		권역별의 %	18.1%	14.5%	5.6%	14.5%	25.7%	14.2%
전체		빈도	188	110	144	159	35	636
		권역별의 %	100.0%	100.0%	100.0%	100.0%	100.0%	100.0%

교차분석

케이스 처리 요약

	케이스					
	유효		결측		전체	
	N	퍼센트	N	퍼센트	N	퍼센트
학력 * 성별	675	98.4%	11	1.6%	686	100.0%
교육경력 * 성별	671	97.8%	15	2.2%	686	100.0%
연수경력 * 성별	631	92.0%	55	8.0%	686	100.0%

학력 * 성별 교차표

			성별		전체
			남	여	
학력	교대 졸	빈도	94	411	505
		성별의 %	69.6%	76.1%	74.8%
	일반대 졸	빈도	8	29	37
		성별의 %	5.9%	5.4%	5.5%
	교대 영어 심화과정	빈도	5	16	21
		성별의 %	3.7%	3.0%	3.1%
	영어교육 석사	빈도	9	32	41
		성별의 %	6.7%	5.9%	6.1%
	영어교육 박사	빈도	19	50	69
		성별의 %	14.1%	9.3%	10.2%
	일반 박사	빈도	0	2	2
		성별의 %	.0%	.4%	.3%
선제		빈도	135	540	675
		성별의 %	100.0%	100.0%	100.0%

교육경력 * 성별 교차표

			성별		전체
			남	여	
교육경력	5년 미만	빈도	47	163	210
		성별의 %	34.8%	30.4%	31.3%
	5 ~ 10	빈도	21	152	173
		성별의 %	15.6%	28.4%	25.8%
	10 ~ 15	빈도	14	66	80
		성별의 %	10.4%	12.3%	11.9%
	15 ~ 20	빈도	12	75	87
		성별의 %	8.9%	14.0%	13.0%
	20년 이상	빈도	41	80	121
		성별의 %	30.4%	14.9%	18.0%
전체		빈도	135	536	671
		성별의 %	100.0%	100.0%	100.0%

연수경력 * 성별 교차표

			성별		전체
			남	여	
연수경력	60시간 미만	빈도	44	141	185
		성별의 %	35.5%	27.8%	29.3%
	60 ~ 120	빈도	27	108	135
		성별의 %	21.8%	21.3%	21.4%
	120	빈도	27	136	163
		성별의 %	21.8%	26.8%	25.8%
	121 ~ 180	빈도	13	45	58
		성별의 %	10.5%	8.9%	9.2%
	181시간 이상	빈도	13	77	90
		성별의 %	10.5%	15.2%	14.3%
전체		빈도	124	507	631
		성별의 %	100.0%	100.0%	100.0%

교차분석

케이스 처리 요약

	케이스					
	유효		결측		전체	
	N	퍼센트	N	퍼센트	N	퍼센트
교육경력 * 학력	672	98.0%	14	2.0%	686	100.0%
연수경력 * 학력	633	92.3%	53	7.7%	686	100.0%

교육경력 * 학력 교차표

			학력						전체
			교대 졸	일반대 졸	교대 영어 심화과정	영어교육 석사	영어교육 박사	일반 박사	
교육경력	5년 미만	빈도	163	11	15	13	9	0	211
		학력의 %	32.5%	29.7%	75.0%	31.7%	12.9%	.0%	31.4%
	5~10	빈도	132	15	3	6	17	0	173
		학력의 %	26.3%	40.5%	15.0%	14.6%	24.3%	.0%	25.7%
	10~15	빈도	64	2	0	6	9	0	81
		학력의 %	12.7%	5.4%	.0%	14.6%	12.9%	.0%	12.1%
	15~20	빈도	63	1	0	9	13	1	87
		학력의 %	12.5%	2.7%	.0%	22.0%	18.6%	50.0%	12.9%
	20년 이상	빈도	80	8	2	7	22	1	120
		학력의 %	15.9%	21.6%	10.0%	17.1%	31.4%	50.0%	17.9%
전체		빈도	502	37	20	41	70	2	672
		학력의 %	100.0%	100.0%	100.0%	100.0%	100.0%	100.0%	100.0%

▌연수경력 * 학력 교차표

			학력						전체
			교대 졸	일반대 졸	교대 영어 심화과정	영어교육 석사	영어교육 박사	일반 박사	
연수경력	60 시간 미만	빈도	149	9	7	8	12	0	185
		60~120	31.6%	26.5%	36.8%	21.6%	17.1%	.0%	29.2%
	120	빈도	102	7	4	5	17	0	135
		121~180	21.7%	20.6%	21.1%	13.5%	24.3%	.0%	21.3%
	181 시간 이상	빈도	123	14	6	6	13	1	163
		학력의 %	26.1%	41.2%	31.6%	16.2%	18.6%	50.0%	25.8%
	15~20	빈도	39	3	2	4	12	0	60
		학력의 %	8.3%	8.8%	10.5%	10.8%	17.1%	.0%	9.5%
	20년 이상	빈도	58	1	0	14	16	1	90
		학력의 %	12.3%	2.9%	.0%	37.8%	22.9%	50.0%	14.2%
전체		빈도	471	34	19	37	70	2	633
		학력의 %	100.0%	100.0%	100.0%	100.0%	100.0%	100.0%	100.0%

T-검정

집단통계량

	성별	N	평균	표준편차	평균의 표준오차
3학년	남	105	1.10	1.746	.170
	여	412	1.34	2.030	.100
4학년	남	105	1.47	2.292	.224
	여	416	1.53	1.842	.090
5학년	남	96	2.30	2.913	.297
	여	409	1.44	1.506	.074
6학년	남	96	3.06	4.759	.486
	여	421	1.40	1.709	.083

독립표본 검정

		Levene의 등분산 검정		평균의 동일성에 대한 t-검정						
		F	유의확률	t	자유도	유의확률 (양쪽)	평균차	차이의 표준오차	차이의 95% 신뢰구간 하한	차이의 95% 신뢰구간 상한
3학년	등분산이 가정됨	.195	.659	-1.122	515	.262	-.242	.216	-.667	.182
	등분산이 가정되지 않음			-1.227	182.555	.222	-.242	.198	-.632	.147
4학년	등분산이 가정됨	1.740	.188	-.288	519	.774	-.061	.212	-.477	.355
	등분산이 가정되지 않음			-.253	139.739	.801	-.061	.241	-.538	.416
5학년	등분산이 가정됨	46.892	.000	4.102	503	.000	.863	.210	.450	1.276
	등분산이 가정되지 않음			2.815	107.186	.006	.863	.307	.255	1.471
6학년	등분산이 가정됨	72.817	.000	5.743	515	.000	1.664	.290	1.095	2.233
	등분산이 가정되지 않음			3.376	100.650	.001	1.664	.493	.686	2.641

T-검정

집단통계량

	성별	N	평균	표준편차	평균의 표준오차
나이	남	136	37.73	10.474	.898
	여	538	34.14	8.024	.346

독립표본 검정

		Levene의 등분산 검정		평균의 동일성에 대한 t-검정						
		F	유의확률	t	자유도	유의확률 (양쪽)	평균차	차이의 표준 오차	차이의 95% 신뢰구간 하한	차이의 95% 신뢰구간 상한
나이	등분산이 가정됨	31.223	.000	4.359	672	.000	3.587	.823	1.971	5.202
	등분산이 가정되지 않음			3.726	177.047	.000	3.587	.962	1.687	5.486

T-검정

집단통계량

	성별	N	평균	표준편차	평균의 표준오차
수업목표	남	132	12.4167	3.62780	.31576
	여	517	12.9458	3.04122	.13375
수업내용	남	125	38.3680	6.71365	.60049
	여	485	38.1670	6.28350	.28532
수업방법	남	130	32.4385	5.84556	.51269
	여	496	32.7298	5.01509	.22518

독립표본 검정

		Levene의 등분산 검정		평균의 동일성에 대한 t-검정						
		F	유의확률	t	자유도	유의확률(양쪽)	평균차	차이의 표준오차	차이의 95% 신뢰구간	
									하한	상한
수업목표	등분산이 가정됨	8.061	.005	-1.712	647	.087	-.52917	.30902	-1.13597	.07762
	등분산이 가정되지 않음			-1.543	180.750	.125	-.52917	.34292	-1.20582	.14747
수업내용	등분산이 가정됨	.796	.373	.314	608	.753	.20099	.63933	-1.05457	1.45655
	등분산이 가정되지 않음			.302	183.908	.763	.20099	.66482	-1.11067	1.51265
수업방법	등분산이 가정됨	4.519	.034	-.569	624	.570	-.29138	.51213	-1.29709	.71434
	등분산이 가정되지 않음			-.520	181.810	.603	-.29138	.55996	-1.39624	.81348

일원배치 분산분석

기술통계

		N	평균	표준편차	표준오차	평균에 대한 95% 신뢰구간		최소값	최대값
						하한값	상한값		
수업목표	수도권	186	12.4301	2.95698	.21682	12.0024	12.8579	5.00	20.00
	충청권	122	12.8852	3.58877	.32491	12.2420	13.5285	5.00	22.00
	호남권	148	12.7230	3.15974	.25973	12.2097	13.2363	5.00	22.00
	영남권	164	13.6463	3.00459	.23462	13.1831	14.1096	5.00	23.00
	제주권	34	11.9118	2.96819	.50904	10.8761	12.9474	5.00	18.00
	합계	654	12.8593	3.17317	.12408	12.6157	13.1030	5.00	23.00
수업내용	수도권	165	36.4303	6.71931	.52310	35.3974	37.4632	23.00	55.00
	충청권	114	38.9474	6.25964	.58627	37.7859	40.1089	20.00	54.00
	호남권	145	38.7724	6.06647	.50379	37.7766	39.7682	22.00	58.00
	영남권	157	39.3567	6.10592	.48731	38.3941	40.3193	14.00	56.00
	제주권	34	37.0588	5.52099	.94684	35.1325	38.9852	23.00	52.00
	합계	615	38.2309	6.35989	.25646	37.7273	38.7345	14.00	58.00
수업방법	수도권	179	31.9274	5.07807	.37955	31.1784	32.6764	21.00	44.00
	충청권	116	32.4828	5.89249	.54710	31.3991	33.5665	12.00	45.00
	호남권	144	33.1250	4.92585	.41049	32.3136	33.9364	19.00	51.00
	영남권	157	33.4586	4.99935	.39899	32.6705	34.2467	12.00	44.00
	제주권	34	32.0882	5.03544	.86357	30.3313	33.8452	21.00	44.00
	합계	630	32.6937	5.20332	.20731	32.2866	33.1007	12.00	51.00

분산분석

		제곱합	자유도	평균제곱	F	유의확률
수업목표	집단 간	169.208	4	42.302	4.286	.002
	집단 내	6405.850	649	9.870		
	합계	6575.058	653			
수업내용	집단 간	881.683	4	220.421	5.613	.000
	집단 내	23953.530	610	39.268		
	합계	24835.213	614			
수업방법	집단 간	241.387	4	60.347	2.247	.063
	집단 내	16788.488	625	26.862		
	합계	17029.875	629			

사후검정

다중 비교

종속 변수		(I) 권역별	(J) 권역별	평균차 (I-J)	표준오차	유의확률	95% 신뢰구간	
							하한값	상한값
수업 목표	Tukey HSD	수도권	충청권	-.45514	.36602	.726	-1.4564	.5461
			호남권	-.29287	.34606	.916	-1.2395	.6538
			영남권	-1.21623(*)	.33653	.003	-2.1368	-.2957
			제주권	.51834	.58598	.903	-1.0846	2.1213
		충청권	수도권	.45514	.36602	.726	-.5461	1.4564
			호남권	.16227	.38418	.993	-.8886	1.2132
			영남권	-.76110	.37562	.255	-1.7886	.2664
			제주권	.97348	.60927	.499	-.6932	2.6401
		호남권	수도권	.29287	.34606	.916	-.6538	1.2395
			충청권	-.16227	.38418	.993	-1.2132	.8886
			영남권	-.92337	.35620	.073	-1.8977	.0510
			제주권	.81121	.59749	.655	-.8232	2.4456
		영남권	수도권	1.21623(*)	.33653	.003	.2957	2.1368
			충청권	.76110	.37562	.255	-.2664	1.7886
			호남권	.92337	.35620	.073	-.0510	1.8977
			제주권	1.73458(*)	.59202	.029	.1151	3.3540
		제주권	수도권	-.51834	.58598	.903	-2.1213	1.0846
			충청권	-.97348	.60927	.499	-2.6401	.6932
			호남권	-.81121	.59749	.655	-2.4456	.8232
			영남권	-1.73458(*)	.59202	.029	-3.3540	-.1151
	Scheffe	수도권	충청권	-.45514	.36602	.818	-1.5858	.6755
			호남권	-.29287	.34606	.949	-1.3619	.7762
			영남권	-1.21623(*)	.33653	.012	-2.2558	-.1767
			제주권	.51834	.58598	.941	-1.2918	2.3285
		충청권	수도권	.45514	.36602	.818	-.6755	1.5858
			호남권	.16227	.38418	.996	-1.0245	1.3491
			영남권	-.76110	.37562	.393	-1.9214	.3992
			제주권	.97348	.60927	.635	-.9086	2.8556

	호남권	수도권	.29287	.34606	.949	-.7762	1.3619
		충청권	-.16227	.38418	.996	-1.3491	1.0245
		영남권	-.92337	.35620	.153	-2.0237	.1770
		제주권	.81121	.59749	.765	-1.0345	2.6569
	영남권	수도권	1.21623(*)	.33653	.012	.1767	2.2558
		충청권	.76110	.37562	.393	-.3992	1.9214
		호남권	.92337	.35620	.153	-.1770	2.0237
		제주권	1.73458	.59202	.074	-.0942	3.5634
	제주권	수도권	-.51834	.58598	.941	-2.3285	1.2918
		충청권	-.97348	.60927	.635	-2.8556	.9086
		호남권	-.81121	.59749	.765	-2.6569	1.0345
		영남권	-1.73458	.59202	.074	-3.5634	.0942
LSD	수도권	충청권	-.45514	.36602	.214	-1.1739	.2636
		호남권	-.29287	.34606	.398	-.9724	.3867
		영남권	-1.21623(*)	.33653	.000	-1.8770	-.5554
		제주권	.51834	.58598	.377	-.6323	1.6690
	충청권	수도권	.45514	.36602	.214	-.2636	1.1739
		호남권	.16227	.38418	.673	-.5921	.9167
		영남권	-.76110(*)	.37562	.043	-1.4987	-.0235
		제주권	.97348	.60927	.111	-.2229	2.1699
	호남권	수도권	.29287	.34606	.398	-.3867	.9724
		충청권	-.16227	.38418	.673	-.9167	.5921
		영남권	-.92337(*)	.35620	.010	-1.6228	-.2239
		제주권	.81121	.59749	.175	-.3620	1.9845
	영남권	수도권	1.21623(*)	.33653	.000	.5554	1.8770
		충청권	.76110(*)	.37562	.043	.0235	1.4987
		호남권	.92337(*)	.35620	.010	.2239	1.6228
		제주권	1.73458(*)	.59202	.004	.5721	2.8971
	제주권	수도권	-.51834	.58598	.377	-1.6690	.6323
		충청권	-.97348	.60927	.111	-2.1699	.2229
		호남권	-.81121	.59749	.175	-1.9845	.3620
		영남권	-1.73458(*)	.59202	.004	-2.8971	-.5721

수업 내용	Tukey HSD	수도권	충청권	-2.51707(*)	.76318	.009	-4.6051	-.4290
			호남권	-2.34211(*)	.71330	.010	-4.2937	-.3905
			영남권	-2.92638(*)	.69864	.000	-4.8378	-1.0149
			제주권	-.62852	1.18023	.984	-3.8576	2.6005
		충청권	수도권	2.51707(*)	.76318	.009	.4290	4.6051
			호남권	.17495	.78439	.999	-1.9711	2.3210
			영남권	-.40932	.77108	.984	-2.5190	1.7003
			제주권	1.88854	1.22450	.535	-1.4616	5.2387
		호남권	수도권	2.34211(*)	.71330	.010	.3905	4.2937
			충청권	-.17495	.78439	.999	-2.3210	1.9711
			영남권	-.58427	.72175	.928	-2.5590	1.3904
			제주권	1.71359	1.19405	.605	-1.5533	4.9805
		영남권	수도권	2.92638(*)	.69864	.000	1.0149	4.8378
			충청권	.40932	.77108	.984	-1.7003	2.5190
			호남권	.58427	.72175	.928	-1.3904	2.5590
			제주권	2.29786	1.18535	.298	-.9452	5.5409
		제주권	수도권	.62852	1.18023	.984	-2.6005	3.8576
			충청권	-1.88854	1.22450	.535	-5.2387	1.4616
			호남권	-1.71359	1.19405	.605	-4.9805	1.5533
			영남권	-2.29786	1.18535	.298	-5.5409	.9452
	Scheffe	수도권	충청권	-2.51707(*)	.76318	.029	-4.8751	-.1591
			호남권	-2.34211(*)	.71330	.030	-4.5460	-.1382
			영남권	-2.92638(*)	.69864	.002	-5.0850	-.7678
			제주권	-.62852	1.18023	.991	-4.2750	3.0180
		충청권	수도권	2.51707(*)	.76318	.029	.1591	4.8751
			호남권	.17495	.78439	1.000	-2.2486	2.5985
			영남권	-.40932	.77108	.991	-2.7917	1.9731
			제주권	1.88854	1.22450	.667	-1.8948	5.6719
		호남권	수도권	2.34211(*)	.71330	.030	.1382	4.5460
			충청권	-.17495	.78439	1.000	-2.5985	2.2486
			영남권	-.58427	.72175	.957	-2.8143	1.6457
			제주권	1.71359	1.19405	.725	-1.9757	5.4028

		영남권	수도권	2.92638(*)	.69864	.002	.7678	5.0850
			충청권	.40932	.77108	.991	-1.9731	2.7917
			호남권	.58427	.72175	.957	-1.6457	2.8143
			제주권	2.29786	1.18535	.441	-1.3645	5.9602
		제주권	수도권	.62852	1.18023	.991	-3.0180	4.2750
			충청권	-1.88854	1.22450	.667	-5.6719	1.8948
			호남권	-1.71359	1.19405	.725	-5.4028	1.9757
			영남권	-2.29786	1.18535	.441	-5.9602	1.3645
	LSD	수도권	충청권	-2.51707(*)	.76318	.001	-4.0158	-1.0183
			호남권	-2.34211(*)	.71330	.001	-3.7429	-.9413
			영남권	-2.92638(*)	.69864	.000	-4.2984	-1.5543
			제주권	-.62852	1.18023	.595	-2.9463	1.6893
		충청권	수도권	2.51707(*)	.76318	.001	1.0183	4.0158
			호남권	.17495	.78439	.824	-1.3655	1.7154
			영남권	-.40932	.77108	.596	-1.9236	1.1050
			제주권	1.88854	1.22450	.124	-.5162	4.2933
		호남권	수도권	2.34211(*)	.71330	.001	.9413	3.7429
			충청권	-.17495	.78439	.824	-1.7154	1.3655
			영남권	-.58427	.72175	.419	-2.0017	.8332
			제주권	1.71359	1.19405	.152	-.6314	4.0585
		영남권	수도권	2.92638(*)	.69864	.000	1.5543	4.2984
			충청권	.40932	.77108	.596	-1.1050	1.9236
			호남권	.58427	.72175	.419	-.8332	2.0017
			제주권	2.29786	1.18535	.053	-.0300	4.6257
		제주권	수도권	.62852	1.18023	.595	-1.6893	2.9463
			충청권	-1.88854	1.22450	.124	-4.2933	.5162
			호남권	-1.71359	1.19405	.152	-4.0585	.6314
			영남권	-2.29786	1.18535	.053	-4.6257	.0300
수업 방법	Tukey HSD	수도권	충청권	-.55538	.61776	.897	-2.2454	1.1347
			호남권	-1.19763	.58018	.237	-2.7848	.3896
			영남권	-1.53122	.56671	.055	-3.0816	.0192
			제주권	-.16086	.96959	1.000	-2.8134	2.4917

	충청권	수도권	.55538	.61776	.897	-1.1347	2.2454
		호남권	-.64224	.64661	.858	-2.4112	1.1267
		영남권	-.97584	.63455	.538	-2.7118	.7601
		제주권	.39452	1.01075	.995	-2.3706	3.1597
	호남권	수도권	1.19763	.58018	.237	-.3896	2.7848
		충청권	.64224	.64661	.858	-1.1267	2.4112
		영남권	-.33360	.59802	.981	-1.9696	1.3024
		제주권	1.03676	.98822	.832	-1.6668	3.7403
	영남권	수도권	1.53122	.56671	.055	-.0192	3.0816
		충청권	.97584	.63455	.538	-.7601	2.7118
		호남권	.33360	.59802	.981	-1.3024	1.9696
		제주권	1.37036	.98038	.629	-1.3117	4.0524
	제주권	수도권	.16086	.96959	1.000	-2.4917	2.8134
		충청권	-.39452	1.01075	.995	-3.1597	2.3706
		호남권	-1.03676	.98822	.832	-3.7403	1.6668
		영남권	-1.37036	.98038	.629	-4.0524	1.3117
Scheffe	수도권	충청권	-.55538	.61776	.937	-2.4639	1.3532
		호남권	-1.19763	.58018	.373	-2.9901	.5948
		영남권	-1.53122	.56671	.122	-3.2820	.2196
		제주권	-.16086	.96959	1.000	-3.1564	2.8347
	충청권	수도권	.55538	.61776	.937	-1.3532	2.4639
		호남권	-.64224	.64661	.912	-2.6399	1.3554
		영남권	-.97584	.63455	.669	-2.9363	.9846
		제주권	.39452	1.01075	.997	-2.7281	3.5172
	호남권	수도권	1.19763	.58018	.373	-.5948	2.9901
		충청권	.64224	.64661	.912	-1.3554	2.6399
		영남권	-.33360	.59802	.989	-2.1812	1.5140
		제주권	1.03676	.98822	.894	-2.0163	4.0898
	영남권	수도권	1.53122	.56671	.122	-.2196	3.2820
		충청권	.97584	.63455	.669	-.9846	2.9363
		호남권	.33360	.59802	.989	-1.5140	2.1812
		제주권	1.37036	.98038	.744	-1.6585	4.3992

	제주권	수도권	.16086	.96959	1.000	-2.8347	3.1564
		충청권	-.39452	1.01075	.997	-3.5172	2.7281
		호남권	-1.03676	.98822	.894	-4.0898	2.0163
		영남권	-1.37036	.98038	.744	-4.3992	1.6585
LSD	수도권	충청권	-.55538	.61776	.369	-1.7685	.6578
		호남권	-1.19763(*)	.58018	.039	-2.3370	-.0583
		영남권	-1.53122(*)	.56671	.007	-2.6441	-.4183
		제주권	-.16086	.96959	.868	-2.0649	1.7432
	충청권	수도권	.55538	.61776	.369	-.6578	1.7685
		호남권	-.64224	.64661	.321	-1.9120	.6275
		영남권	-.97584	.63455	.125	-2.2220	.2703
		제주권	.39452	1.01075	.696	-1.5904	2.3794
	호남권	수도권	1.19763(*)	.58018	.039	.0583	2.3370
		충청권	.64224	.64661	.321	-.6275	1.9120
		영남권	-.33360	.59802	.577	-1.5080	.8408
		제주권	1.03676	.98822	.295	-.9039	2.9774
	영남권	수도권	1.53122(*)	.56671	.007	.4183	2.6441
		충청권	.97584	.63455	.125	-.2703	2.2220
		호남권	.33360	.59802	.577	-.8408	1.5080
		제주권	1.37036	.98038	.163	-.5549	3.2956
	제주권	수도권	.16086	.96959	.868	-1.7432	2.0649
		충청권	-.39452	1.01075	.696	-2.3794	1.5904
		호남권	-1.03676	.98822	.295	-2.9774	.9039
		영남권	-1.37036	.98038	.163	-3.2956	.5549

* .05 수준에서 평균차가 큽니다.

동일 집단군

수업목표

	권역별	N	유의수준 = .05에 대한 부집단	
			1	2
Tukey HSD(a,b)	제주권	34	11.9118	
	수도권	186	12.4301	12.4301
	호남권	148	12.7230	12.7230
	충청권	122	12.8852	12.8852
	영남권	164		13.6463
	유의확률		.233	.073
Scheffe(a,b)	제주권	34	11.9118	
	수도권	186	12.4301	12.4301
	호남권	148	12.7230	12.7230
	충청권	122	12.8852	12.8852
	영남권	164		13.6463
	유의확률		.368	.153

동일 집단군에 있는 집단에 대한 평균이 표시됩니다.
a 조화평균 표본 크기 = 89.543을(를) 사용
b 집단 크기가 같지 않습니다. 집단크기의 조화평균이 사용됩니다. 제1종 오류 수준은 보장할 수 없습니다.

수업내용

	권역별	N	유의수준 = .05에 대한 부집단	
			1	2
Tukey HSD(a,b)	수도권	165	36.4303	
	제주권	34	37.0588	37.0588
	호남권	145	38.7724	38.7724
	충청권	114	38.9474	38.9474
	영남권	157		39.3567
	유의확률		.063	.112
Scheffe(a,b)	수도권	165	36.4303	
	제주권	34	37.0588	
	호남권	145	38.7724	
	충청권	114	38.9474	
	영남권	157	39.3567	
	유의확률		.051	

동일 집단군에 있는 집단에 대한 평균이 표시됩니다.
a 조화평균 표본 크기 = 86.941을(를) 사용
b 집단 크기가 같지 않습니다. 집단크기의 조화평균이 사용됩니다. 제1종 오류 수준은 보장할 수 없습니다.

수업방법

	권역별	N	유의수준 = .05에 대한 부집단
			1
Tukey HSD(a,b)	수도권	179	31.9274
	제주권	34	32.0882
	충청권	116	32.4828
	호남권	144	33.1250
	영남권	157	33.4586
	유의확률		.288
Scheffe(a,b)	수도권	179	31.9274
	제주권	34	32.0882
	충청권	116	32.4828
	호남권	144	33.1250
	영남권	157	33.4586
	유의확률		.430

동일 집단군에 있는 집단에 대한 평균이 표시됩니다.
a 조화평균 표본 크기 = 87.823을(를) 사용
b 집단 크기가 같지 않습니다. 집단크기의 조화평균이 사용됩니다. 제1종 오류 수준은 보장할 수 없습니다.

일원배치 분산분석

기술통계

		N	평균	표준편차	표준오차	평균에 대한 95% 신뢰구간		최소값	최대값
						하한값	상한값		
수업목표	특별시	34	13.5294	3.06728	.52603	12.4592	14.5996	7.00	18.00
	광역시	289	13.0969	2.96231	.17425	12.7539	13.4399	5.00	22.00
	시	247	12.6559	3.32626	.21164	12.2390	13.0727	5.00	23.00
	군(읍,면)	81	12.3333	3.44601	.38289	11.5714	13.0953	5.00	22.00
	합계	651	12.8571	3.18016	.12464	12.6124	13.1019	5.00	23.00
수업내용	특별시	31	39.2581	6.28208	1.12829	36.9538	41.5623	28.00	50.00
	광역시	280	38.1429	6.41858	.38358	37.3878	38.8979	21.00	57.00
	시	224	38.1786	6.44704	.43076	37.3297	39.0275	14.00	58.00
	군(읍,면)	77	38.2727	6.12079	.69753	36.8835	39.6620	22.00	50.00
	합계	612	38.2288	6.37481	.25769	37.7227	38.7348	14.00	58.00
수업방법	특별시	32	33.6875	5.30026	.93696	31.7766	35.5984	24.00	42.00
	광역시	281	32.9181	4.76787	.28443	32.3583	33.4780	21.00	51.00
	시	238	32.2857	5.57063	.36109	31.5744	32.9971	12.00	45.00
	군(읍,면)	76	32.6974	5.59052	.64128	31.4199	33.9749	16.00	44.00
	합계	627	32.6906	5.21426	.20824	32.2817	33.0995	12.00	51.00

분산분석

		제곱합	자유도	평균제곱	F	유의확률
수업목표	집단 간	64.208	3	21.403	2.127	.096
	집단 내	6509.507	647	10.061		
	합계	6573.714	650			
수업내용	집단 간	35.623	3	11.874	.291	.832
	집단 내	24794.351	608	40.780		
	합계	24829.974	611			
수업방법	집단 간	85.371	3	28.457	1.047	.371
	집단 내	16934.603	623	27.182		
	합계	17019.974	626			

일원배치 분산분석

기술통계

		N	평균	표준편차	표준오차	평균에 대한 95% 신뢰구간		최소값	최대값
						하한값	상한값		
수업목표	교대 졸	486	12.6934	3.10879	.14102	12.4163	12.9705	5.00	22.00
	일반대 졸	33	13.4848	3.02202	.52607	12.4133	14.5564	7.00	21.00
	교대 영어 심화과정	20	13.5500	2.45967	.55000	12.3988	14.7012	9.00	19.00
	영어교육 석사	41	13.5122	3.07508	.48025	12.5416	14.4828	7.00	22.00
	영어교육 박사	69	13.1884	3.78960	.45621	12.2780	14.0988	5.00	23.00
	일반 박사	2	14.5000	3.53553	2.50000	-17.2655	46.2655	12.00	17.00
	합계	651	12.8694	3.16906	.12421	12.6255	13.1133	5.00	23.00
수업내용	교대 졸	456	37.4956	6.16619	.28876	36.9281	38.0631	14.00	54.00
	일반대 졸	33	39.4545	6.13439	1.06786	37.2794	41.6297	29.00	58.00
	교대 영어 심화과정	19	41.0000	4.73756	1.08687	38.7166	43.2834	31.00	50.00
	영어교육 석사	39	41.8462	5.46057	.87439	40.0760	43.6163	27.00	51.00
	영어교육 박사	63	39.5238	7.23089	.91101	37.7027	41.3449	23.00	57.00
	일반 박사	2	51.5000	4.94975	3.50000	7.0283	95.9717	48.00	55.00
	합계	612	38.2418	6.36019	.25710	37.7369	38.7467	14.00	58.00
수업방법	교대 졸	468	32.2222	5.04262	.23310	31.7642	32.6803	12.00	45.00
	일반대 졸	31	33.4839	5.15022	.92501	31.5948	35.3730	25.00	45.00
	교대 영어 심화과정	20	34.2500	3.58175	.80090	32.5737	35.9263	28.00	40.00
	영어교육 석사	40	35.0250	4.50349	.71206	33.5847	36.4653	25.00	44.00
	영어교육 박사	66	33.6212	6.27024	.77181	32.0798	35.1626	21.00	51.00
	일반 박사	2	43.0000	1.41421	1.00000	30.2938	55.7062	42.00	44.00
	합계	627	32.7097	5.19910	.20763	32.3020	33.1175	12.00	51.00

분산분석

		제곱합	자유도	평균제곱	F	유의확률
수업목표	집단 간	66.096	5	13.219	1.319	.254
	집단 내	6461.806	645	10.018		
	합계	6527.902	650			
수업내용	집단 간	1408.745	5	281.749	7.326	.000
	집단 내	23307.464	606	38.461		
	합계	24716.209	611			
수업방법	집단 간	658.285	5	131.657	5.027	.000
	집단 내	16262.886	621	26.188		
	합계	16921.171	626			

사후검정

다중 비교

종속변수		(I) 학력	(J) 학력	평균차 (I-J)	표준오차	유의확률	95% 신뢰구간	
							하한값	상한값
수업목표	Tukey HSD	교대 졸	일반대 졸	-.79143	.56938	.733	-2.4189	.8360
			교대 영어 심화과정	-.85658	.72217	.844	-2.9208	1.2076
			영어교육 석사	-.81878	.51475	.605	-2.2901	.6525
			영어교육 박사	-.49499	.40719	.829	-1.6589	.6689
			일반 박사	-1.80658	2.24271	.967	-8.2169	4.6038
		일반대 졸	교대 졸	.79143	.56938	.733	-.8360	2.4189
			교대 영어 심화과정	-.06515	.89694	1.000	-2.6289	2.4986
			영어교육 석사	-.02735	.74023	1.000	-2.1431	2.0884
			영어교육 박사	.29644	.66991	.998	-1.6184	2.2112
			일반 박사	-1.01515	2.30494	.998	-7.6034	5.5731
		교대 영어 심화과정	교대 졸	.85658	.72217	.844	-1.2076	2.9208
			일반대 졸	.06515	.89694	1.000	-2.4986	2.6289
			영어교육 석사	.03780	.86329	1.000	-2.4297	2.5053
			영어교육 박사	.36159	.80381	.998	-1.9359	2.6591
			일반 박사	-.95000	2.34735	.999	-7.6595	5.7595
		영어교육 석사	교대 졸	.81878	.51475	.605	-.6525	2.2901
			일반대 졸	.02735	.74023	1.000	-2.0884	2.1431
			교대 영어 심화과정	-.03780	.86329	1.000	-2.5053	2.4297
			영어교육 박사	.32379	.62413	.995	-1.4602	2.1078
			일반 박사	-.98780	2.29205	.998	-7.5392	5.5636

	영어교육 박사	교대 졸	.49499	.40719	.829	-.6689	1.6589
		일반대 졸	-.29644	.66991	.998	-2.2112	1.6184
		교대 영어 심화과정	-.36159	.80381	.998	-2.6591	1.9359
		영어교육 석사	-.32379	.62413	.995	-2.1078	1.4602
		일반 박사	-1.31159	2.27032	.992	-7.8009	5.1777
	일반 박사	교대 졸	1.80658	2.24271	.967	-4.6038	8.2169
		일반대 졸	1.01515	2.30494	.998	-5.5731	7.6034
		교대 영어 심화과정	.95000	2.34735	.999	-5.7595	7.6595
		영어교육 석사	.98780	2.29205	.998	-5.5636	7.5392
		영어교육 박사	1.31159	2.27032	.992	-5.1777	7.8009
Scheffe	교대 졸	일반대 졸	-.79143	.56938	.858	-2.6918	1.1090
		교대 영어 심화과정	-.85658	.72217	.923	-3.2669	1.5538
		영어교육 석사	-.81878	.51475	.772	-2.5368	.8993
		영어교육 박사	-.49499	.40719	.915	-1.8541	.8641
		일반 박사	-1.80658	2.24271	.986	-9.2920	5.6788
	일반대 졸	교대 졸	.79143	.56938	.858	-1.1090	2.6918
		교대 영어 심화과정	-.06515	.89694	1.000	-3.0588	2.9285
		영어교육 석사	-.02735	.74023	1.000	-2.4980	2.4433
		영어교육 박사	.29644	.66991	.999	-1.9395	2.5324
		일반 박사	-1.01515	2.30494	.999	-8.7083	6.6779
	교대 영어 심화과정	교대 졸	.85658	.72217	.923	-1.5538	3.2669
		일반대 졸	.06515	.89694	1.000	-2.9285	3.0588
		영어교육 석사	.03780	.86329	1.000	-2.8436	2.9192

		영어교육 박사	.36159	.80381	.999	-2.3212	3.0444
		일반 박사	-.95000	2.34735	.999	-8.7847	6.8847
	영어교육 석사	교대 졸	.81878	.51475	.772	-.8993	2.5368
		일반대 졸	.02735	.74023	1.000	-2.4433	2.4980
		교대 영어 심화과정	-.03780	.86329	1.000	-2.9192	2.8436
		영어교육 박사	.32379	.62413	.998	-1.7594	2.4069
		일반 박사	-.98780	2.29205	.999	-8.6379	6.6623
	영어교육 박사	교대 졸	.49499	.40719	.915	-.8641	1.8541
		일반대 졸	-.29644	.66991	.999	-2.5324	1.9395
		교대 영어 심화과정	-.36159	.80381	.999	-3.0444	2.3212
		영어교육 석사	-.32379	.62413	.998	-2.4069	1.7594
		일반 박사	-1.31159	2.27032	.997	-8.8891	6.2660
	일반 박사	교대 졸	1.80658	2.24271	.986	-5.6788	9.2920
		일반대 졸	1.01515	2.30494	.999	-6.6779	8.7083
		교대 영어 심화과정	.95000	2.34735	.999	-6.8847	8.7847
		영어교육 석사	.98780	2.29205	.999	-6.6623	8.6379
		영어교육 박사	1.31159	2.27032	.997	-6.2660	8.8891
LSD	교대 졸	일반대 졸	-.79143	.56938	.165	-1.9095	.3266
		교대 영어 심화과정	-.85658	.72217	.236	-2.2747	.5615
		영어교육 석사	-.81878	.51475	.112	-1.8296	.1920
		영어교육 박사	-.49499	.40719	.225	-1.2946	.3046
		일반 박사	-1.80658	2.24271	.421	-6.2105	2.5973
	일반대 졸	교대 졸	.79143	.56938	.165	-.3266	1.9095

		교대 영어 심화과정	-.06515	.89694	.942	-1.8264	1.6961
		영어교육 석사	-.02735	.74023	.971	-1.4809	1.4262
		영어교육 박사	.29644	.66991	.658	-1.0190	1.6119
		일반 박사	-1.01515	2.30494	.660	-5.5412	3.5109
	교대 영어 심화과정	교대 졸	.85658	.72217	.236	-.5615	2.2747
		일반대 졸	.06515	.89694	.942	-1.6961	1.8264
		영어교육 석사	.03780	.86329	.965	-1.6574	1.7330
		영어교육 박사	.36159	.80381	.653	-1.2168	1.9400
		일반 박사	-.95000	2.34735	.686	-5.5594	3.6594
	영어교육 석사	교대 졸	.81878	.51475	.112	-.1920	1.8296
		일반대 졸	.02735	.74023	.971	-1.4262	1.4809
		교대 영어 심화과정	-.03780	.86329	.965	-1.7330	1.6574
		영어교육 박사	.32379	.62413	.604	-.9018	1.5494
		일반 박사	-.98780	2.29205	.667	-5.4886	3.5130
	영어교육 박사	교대 졸	.49499	.40719	.225	-.3046	1.2946
		일반대 졸	-.29644	.66991	.658	-1.6119	1.0190
		교대 영어 심화과정	-.36159	.80381	.653	-1.9400	1.2168
		영어교육 석사	-.32379	.62413	.604	-1.5494	.9018
		일반 박사	-1.31159	2.27032	.564	-5.7697	3.1465
	일반 박사	교대 졸	1.80658	2.24271	.421	-2.5973	6.2105
		일반대 졸	1.01515	2.30494	.660	-3.5109	5.5412
		교대 영어 심화과정	.95000	2.34735	.686	-3.6594	5.5594
		영어교육 석사	.98780	2.29205	.667	-3.5130	5.4886

			영어교육 박사	1.31159	2.27032	.564	-3.1465	5.7697
수업 내용	Tukey HSD	교대 졸	일반대 졸	-1.95893	1.11796	.498	-5.1550	1.2372
			교대 영어 심화과정	-3.50439	1.45211	.153	-7.6558	.6470
			영어교육 석사	-4.35054(*)	1.03466	.000	-7.3085	-1.3926
			영어교육 박사	-2.02820	.83357	.147	-4.4113	.3549
			일반 박사	-14.00439(*)	4.39487	.019	-26.5687	-1.4400
		일반대 졸	교대 졸	1.95893	1.11796	.498	-1.2372	5.1550
			교대 영어 심화과정	-1.54545	1.78599	.955	-6.6514	3.5604
			영어교육 석사	-2.39161	1.46686	.579	-6.5852	1.8019
			영어교육 박사	-.06926	1.33266	1.000	-3.8792	3.7406
			일반 박사	-12.04545	4.51620	.083	-24.9566	.8657
		교대 영어 심화과정	교대 졸	3.50439	1.45211	.153	-.6470	7.6558
			일반대 졸	1.54545	1.78599	.955	-3.5604	6.6514
			영어교육 석사	-.84615	1.73507	.997	-5.8065	4.1142
			영어교육 박사	1.47619	1.62320	.944	-3.1643	6.1167
			일반 박사	-10.50000	4.61030	.205	-23.6802	2.6802
		영어교육 석사	교대 졸	4.35054(*)	1.03466	.000	1.3926	7.3085
			일반대 졸	2.39161	1.46686	.579	-1.8019	6.5852
			교대 영어 심화과정	.84615	1.73507	.997	-4.1142	5.8065
			영어교육 박사	2.32234	1.26360	.442	-1.2901	5.9348
			일반 박사	-9.65385	4.49631	.265	-22.5082	3.2005
		영어교육 박사	교대 졸	2.02820	.83357	.147	-.3549	4.4113
			일반대 졸	.06926	1.33266	1.000	-3.7406	3.8792

		교대 영어 심화과정	-1.47619	1.62320	.944	-6.1167	3.1643
		영어교육 석사	-2.32234	1.26360	.442	-5.9348	1.2901
		일반 박사	-11.97619	4.45433	.079	-24.7105	.7581
	일반 박사	교대 졸	14.00439(*)	4.39487	.019	1.4400	26.5687
		일반대 졸	12.04545	4.51620	.083	-.8657	24.9566
		교대 영어 심화과정	10.50000	4.61030	.205	-2.6802	23.6802
		영어교육 석사	9.65385	4.49631	.265	-3.2005	22.5082
		영어교육 박사	11.97619	4.45433	.079	-.7581	24.7105
Scheffe	교대 졸	일반대 졸	-1.95893	1.11796	.689	-5.6911	1.7732
		교대 영어 심화과정	-3.50439	1.45211	.325	-8.3520	1.3432
		영어교육 석사	-4.35054(*)	1.03466	.004	-7.8046	-.8965
		영어교육 박사	-2.02820	.83357	.315	-4.8109	.7545
		일반 박사	-14.00439	4.39487	.073	-28.6759	.6672
	일반대 졸	교대 졸	1.95893	1.11796	.689	-1.7732	5.6911
		교대 영어 심화과정	-1.54545	1.78599	.980	-7.5077	4.4168
		영어교육 석사	-2.39161	1.46686	.752	-7.2885	2.5053
		영어교육 박사	-.06926	1.33266	1.000	-4.5181	4.3796
		일반 박사	-12.04545	4.51620	.214	-27.1220	3.0311
	교대 영어 심화과정	교대 졸	3.50439	1.45211	.325	-1.3432	8.3520
		일반대 졸	1.54545	1.78599	.980	-4.4168	7.5077
		영어교육 석사	-.84615	1.73507	.999	-6.6384	4.9461
		영어교육 박사	1.47619	1.62320	.975	-3.9426	6.8950
		일반 박사	-10.50000	4.61030	.395	-25.8907	4.8907

	영어교육 석사	교대 졸	4.35054(*)	1.03466	.004	.8965	7.8046
		일반대 졸	2.39161	1.46686	.752	-2.5053	7.2885
		교대 영어 심화과정	.84615	1.73507	.999	-4.9461	6.6384
		영어교육 박사	2.32234	1.26360	.642	-1.8960	6.5407
		일반 박사	-9.65385	4.49631	.466	-24.6640	5.3563
	영어교육 박사	교대 졸	2.02820	.83357	.315	-.7545	4.8109
		일반대 졸	.06926	1.33266	1.000	-4.3796	4.5181
		교대 영어 심화과정	-1.47619	1.62320	.975	-6.8950	3.9426
		영어교육 석사	-2.32234	1.26360	.642	-6.5407	1.8960
		일반 박사	-11.97619	4.45433	.206	-26.8462	2.8939
	일반 박사	교대 졸	14.00439	4.39487	.073	-.6672	28.6759
		일반대 졸	12.04545	4.51620	.214	-3.0311	27.1220
		교대 영어 심화과정	10.50000	4.61030	.395	-4.8907	25.8907
		영어교육 석사	9.65385	4.49631	.466	-5.3563	24.6640
		영어교육 박사	11.97619	4.45433	.206	-2.8939	26.8462
LSD	교대 졸	일반대 졸	-1.95893	1.11796	.080	-4.1545	.2366
		교대 영어 심화과정	-3.50439(*)	1.45211	.016	-6.3562	-.6526
		영어교육 석사	-4.35054(*)	1.03466	.000	-6.3825	-2.3186
		영어교육 박사	-2.02820(*)	.83357	.015	-3.6652	-.3912
		일반 박사	-14.00439(*)	4.39487	.002	-22.6354	-5.3734
	일반대 졸	교대 졸	1.95893	1.11796	.080	-.2366	4.1545
		교대 영어 심화과정	-1.54545	1.78599	.387	-5.0529	1.9620
		영어교육 석사	-2.39161	1.46686	.104	-5.2724	.4891

			영어교육 박사	-.06926	1.33266	.959	-2.6865	2.5479
			일반 박사	-12.04545(*)	4.51620	.008	-20.9148	-3.1761
		교대 영어 심화과정	교대 졸	3.50439(*)	1.45211	.016	.6526	6.3562
			일반대 졸	1.54545	1.78599	.387	-1.9620	5.0529
			영어교육 석사	-.84615	1.73507	.626	-4.2536	2.5613
			영어교육 박사	1.47619	1.62320	.363	-1.7116	4.6640
			일반 박사	-10.50000(*)	4.61030	.023	-19.5541	-1.4459
		영어교육 석사	교대 졸	4.35054(*)	1.03466	.000	2.3186	6.3825
			일반대 졸	2.39161	1.46686	.104	-.4891	5.2724
			교대 영어 심화과정	.84615	1.73507	.626	-2.5613	4.2536
			영어교육 박사	2.32234	1.26360	.067	-.1592	4.8039
			일반 박사	-9.65385(*)	4.49631	.032	-18.4841	-.8236
		영어교육 박사	교대 졸	2.02820(*)	.83357	.015	.3912	3.6652
			일반대 졸	.06926	1.33266	.959	-2.5479	2.6865
			교대 영어 심화과정	-1.47619	1.62320	.363	-4.6640	1.7116
			영어교육 석사	-2.32234	1.26360	.067	-4.8039	.1592
			일반 박사	-11.97619(*)	4.45433	.007	-20.7240	-3.2284
		일반 박사	교대 졸	14.00439(*)	4.39487	.002	5.3734	22.6354
			일반대 졸	12.04545(*)	4.51620	.008	3.1761	20.9148
			교대 영어 심화과정	10.50000(*)	4.61030	.023	1.4459	19.5541
			영어교육 석사	9.65385(*)	4.49631	.032	.8236	18.4841
			영어교육 박사	11.97619(*)	4.45433	.007	3.2284	20.7240
수업 방법	Tukey HSD	교대 졸	일반대 졸	-1.26165	.94907	.769	-3.9747	1.4514

			교대 영어 심화과정	-2.02778	1.16849	.509	-5.3681	1.3125
			영어교육 석사	-2.80278(*)	.84301	.012	-5.2126	-.3929
			영어교육 박사	-1.39899	.67287	.300	-3.3225	.5245
			일반 박사	-10.77778(*)	3.62630	.036	-21.1441	-.4115
		일반대 졸	교대 졸	1.26165	.94907	.769	-1.4514	3.9747
			교대 영어 심화과정	-.76613	1.46772	.995	-4.9618	3.4295
			영어교육 석사	-1.54113	1.22454	.807	-5.0416	1.9594
			영어교육 박사	-.13734	1.11426	1.000	-3.3226	3.0479
			일반 박사	-9.51613	3.73348	.112	-20.1888	1.1566
		교대 영어 심화과정	교대 졸	2.02778	1.16849	.509	-1.3125	5.3681
			일반대 졸	.76613	1.46772	.995	-3.4295	4.9618
			영어교육 석사	-.77500	1.40147	.994	-4.7813	3.2313
			영어교육 박사	.62879	1.30622	.997	-3.1052	4.3628
			일반 박사	-8.75000	3.79520	.193	-19.5991	2.0991
		영어교육 석사	교대 졸	2.80278(*)	.84301	.012	.3929	5.2126
			일반대 졸	1.54113	1.22454	.807	-1.9594	5.0416
			교대 영어 심화과정	.77500	1.40147	.994	-3.2313	4.7813
			영어교육 박사	1.40379	1.02543	.746	-1.5275	4.3351
			일반 박사	-7.97500	3.70794	.263	-18.5747	2.6247
		영어교육 박사	교대 졸	1.39899	.67287	.300	-.5245	3.3225
			일반대 졸	.13734	1.11426	1.000	-3.0479	3.3226
			교대 영어 심화과정	-.62879	1.30622	.997	-4.3628	3.1052
			영어교육 석사	-1.40379	1.02543	.746	-4.3351	1.5275

		일반 박사	-9.37879	3.67300	.111	-19.8786	1.1210
	일반 박사	교대 졸	10.77778(*)	3.62630	.036	.4115	21.1441
		일반대 졸	9.51613	3.73348	.112	-1.1566	20.1888
		교대 영어 심화과정	8.75000	3.79520	.193	-2.0991	19.5991
		영어교육 석사	7.97500	3.70794	.263	-2.6247	18.5747
		영어교육 박사	9.37879	3.67300	.111	-1.1210	19.8786
Scheffe	교대 졸	일반대 졸	-1.26165	.94907	.880	-4.4297	1.9064
		교대 영어 심화과정	-2.02778	1.16849	.698	-5.9283	1.8727
		영어교육 석사	-2.80278	.84301	.052	-5.6168	.0112
		영어교육 박사	-1.39899	.67287	.505	-3.6451	.8471
		일반 박사	-10.77778	3.62630	.118	-22.8826	1.3271
	일반대 졸	교대 졸	1.26165	.94907	.880	-1.9064	4.4297
		교대 영어 심화과정	-.76613	1.46772	.998	-5.6655	4.1332
		영어교육 석사	-1.54113	1.22454	.903	-5.6287	2.5464
		영어교육 박사	-.13734	1.11426	1.000	-3.8568	3.5821
		일반 박사	-9.51613	3.73348	.262	-21.9787	2.9465
	교대 영어 심화과정	교대 졸	2.02778	1.16849	.698	-1.8727	5.9283
		일반대 졸	.76613	1.46772	.998	-4.1332	5.6655
		영어교육 석사	-.77500	1.40147	.998	-5.4532	3.9032
		영어교육 박사	.62879	1.30622	.999	-3.7314	4.9890
		일반 박사	-8.75000	3.79520	.380	-21.4186	3.9186
	영어교육 석사	교대 졸	2.80278	.84301	.052	-.0112	5.6168
		일반대 졸	1.54113	1.22454	.903	-2.5464	5.6287

		교대 영어 심화과정	.77500	1.40147	.998	-3.9032	5.4532
		영어교육 박사	1.40379	1.02543	.866	-2.0191	4.8267
		일반 박사	-7.97500	3.70794	.464	-20.3523	4.4023
	영어교육 박사	교대 졸	1.39899	.67287	.505	-.8471	3.6451
		일반대 졸	.13734	1.11426	1.000	-3.5821	3.8568
		교대 영어 심화과정	-.62879	1.30622	.999	-4.9890	3.7314
		영어교육 석사	-1.40379	1.02543	.866	-4.8267	2.0191
		일반 박사	-9.37879	3.67300	.260	-21.6395	2.8819
	일반 박사	교대 졸	10.77778	3.62630	.118	-1.3271	22.8826
		일반대 졸	9.51613	3.73348	.262	-2.9465	21.9787
		교대 영어 심화과정	8.75000	3.79520	.380	-3.9186	21.4186
		영어교육 석사	7.97500	3.70794	.464	-4.4023	20.3523
		영어교육 박사	9.37879	3.67300	.260	-2.8819	21.6395
LSD	교대 졸	일반대 졸	-1.26165	.94907	.184	-3.1254	.6021
		교대 영어 심화과정	-2.02778	1.16849	.083	-4.3224	.2669
		영어교육 석사	2.80278(*)	.84301	.001	-4.4583	-1.1473
		영어교육 박사	-1.39899(*)	.67287	.038	-2.7204	-.0776
		일반 박사	-10.77778(*)	3.62630	.003	-17.8991	-3.6565
	일반대 졸	교대 졸	1.26165	.94907	.184	-.6021	3.1254
		교대 영어 심화과정	-.76613	1.46772	.602	-3.6484	2.1162
		영어교육 석사	-1.54113	1.22454	.209	-3.9459	.8636
		영어교육 박사	-.13734	1.11426	.902	-2.3255	2.0508
		일반 박사	-9.51613(*)	3.73348	.011	-16.8479	-2.1843

교대 영어 심화과정	교대 졸	2.02778	1.16849	.083	-.2669	4.3224
	일반대 졸	.76613	1.46772	.602	-2.1162	3.6484
	영어교육 석사	-.77500	1.40147	.580	-3.5272	1.9772
	영어교육 박사	.62879	1.30622	.630	-1.9363	3.1939
	일반 박사	-8.75000(*)	3.79520	.021	-16.2030	-1.2970
영어교육 석사	교대 졸	2.80278(*)	.84301	.001	1.1473	4.4583
	일반대 졸	1.54113	1.22454	.209	-.8636	3.9459
	교대 영어 심화과정	.77500	1.40147	.580	-1.9772	3.5272
	영어교육 박사	1.40379	1.02543	.172	-.6099	3.4175
	일반 박사	-7.97500(*)	3.70794	.032	-15.2566	-.6934
영어교육 박사	교대 졸	1.39899(*)	.67287	.038	.0776	2.7204
	일반대 졸	.13734	1.11426	.902	-2.0508	2.3255
	교대 영어 심화과정	-.62879	1.30622	.630	-3.1939	1.9363
	영어교육 석사	-1.40379	1.02543	.172	-3.4175	.6099
	일반 박사	-9.37879(*)	3.67300	.011	-16.5918	-2.1658
일반 박사	교대 졸	10.77778(*)	3.62630	.003	3.6565	17.8991
	일반대 졸	9.51613(*)	3.73348	.011	2.1843	16.8479
	교대 영어 심화과정	8.75000(*)	3.79520	.021	1.2970	16.2030
	영어교육 석사	7.97500(*)	3.70794	.032	.6934	15.2566
	영어교육 박사	9.37879(*)	3.67300	.011	2.1658	16.5918

* .05 수준에서 평균차가 큽니다.

동일 집단군

수업목표

	학력	N	유의수준 = .05에 대한 부집단
			1
Tukey HSD(a,b)	교대 졸	486	12.6934
	영어교육 박사	69	13.1884
	일반대 졸	33	13.4848
	영어교육 석사	41	13.5122
	교대 영어 심화과정	20	13.5500
	일반 박사	2	14.5000
	유의확률		.810
Scheffe(a,b)	교대 졸	486	12.6934
	영어교육 박사	69	13.1884
	일반대 졸	33	13.4848
	영어교육 석사	41	13.5122
	교대 영어 심화과정	20	13.5500
	일반 박사	2	14.5000
	유의확률		.904

동일 집단군에 있는 집단에 대한 평균이 표시됩니다.
a 조화평균 표본 크기 = 9.658을(를) 사용
b 집단 크기가 같지 않습니다. 집단크기의 조화평균이 사용됩니다. 제1종 오류 수준은 보장할 수 없습니다.

수업내용

	학력	N	유의수준 = .05에 대한 부집단	
			1	2
Tukey HSD(a,b)	교대 졸	456	37.4956	
	일반대 졸	33	39.4545	
	영어교육 박사	63	39.5238	
	교대 영어 심화과정	19	41.0000	
	영어교육 석사	39	41.8462	
	일반 박사	2		51.5000
	유의확률		.642	1.000
Scheffe(a,b)	교대 졸	456	37.4956	
	일반대 졸	33	39.4545	
	영어교육 박사	63	39.5238	
	교대 영어 심화과정	19	41.0000	
	영어교육 석사	39	41.8462	
	일반 박사	2		51.5000
	유의확률		.798	1.000

동일 집단군에 있는 집단에 대한 평균이 표시됩니다.
a 조화평균 표본 크기 = 9.575을(를) 사용
b 집단 크기가 같지 않습니다. 집단크기의 조화평균이 사용됩니다. 제1종 오류 수준은 보장할 수 없습니다.

수업방법

	학력	N	유의수준 = .05에 대한 부집단	
			1	2
Tukey HSD(a,b)	교대 졸	468	32.2222	
	일반대 졸	31	33.4839	
	영어교육 박사	66	33.6212	
	교대 영어 심화과정	20	34.2500	
	영어교육 석사	40	35.0250	
	일반 박사	2		43.0000
	유의확률		.837	1.000
Scheffe(a,b)	교대 졸	468	32.2222	
	일반대 졸	31	33.4839	
	영어교육 박사	66	33.6212	
	교대 영어 심화과정	20	34.2500	
	영어교육 석사	40	35.0250	
	일반 박사	2		43.0000
	유의확률		.920	1.000

동일 집단군에 있는 집단에 대한 평균이 표시됩니다.
a 조화평균 표본 크기 = 9.607을(를) 사용
b 집단 크기가 같지 않습니다. 집단크기의 조화평균이 사용됩니다. 제1종 오류 수준은 보장할 수 없습니다.

일원배치 분산분석

기술통계

		N	평균	표준편차	표준오차	평균에 대한 95% 신뢰구간		최소값	최대값
						하한값	상한값		
수업목표	5년 미만	208	13.1731	2.69350	.18676	12.8049	13.5413	5.00	20.00
	5 ~ 10	166	12.5120	3.28216	.25475	12.0091	13.0150	5.00	23.00
	10 ~ 15	78	12.9231	3.29805	.37343	12.1795	13.6667	5.00	19.00
	15 ~ 20	80	12.6750	3.37067	.37685	11.9249	13.4251	5.00	22.00
	20년 이상	115	12.9478	3.46117	.32276	12.3084	13.5872	6.00	22.00
	합계	647	12.8717	3.15354	.12398	12.6283	13.1152	5.00	23.00
수업내용	5년 미만	198	39.0455	5.54931	.39437	38.2677	39.8232	22.00	52.00
	5 ~ 10	159	36.7736	6.49238	.51488	35.7567	37.7905	20.00	58.00
	10 ~ 15	71	38.4085	6.59562	.78276	36.8473	39.9696	23.00	53.00
	15 ~ 20	73	38.6027	6.58858	.77114	37.0655	40.1400	14.00	52.00
	20년 이상	107	38.7477	6.76575	.65407	37.4509	40.0444	23.00	57.00
	합계	608	38.2714	6.32172	.25638	37.7679	38.7749	14.00	58.00
수업방법	5년 미만	204	33.1912	4.66701	.32676	32.5469	33.8354	16.00	44.00
	5 ~ 10	158	31.9937	4.95521	.39422	31.2150	32.7723	12.00	45.00
	10 ~ 15	74	32.2432	5.48924	.63811	30.9715	33.5150	21.00	44.00
	15 ~ 20	76	32.6711	5.90003	.67678	31.3228	34.0193	12.00	44.00
	20년 이상	112	33.2321	5.46897	.51677	32.2081	34.2562	22.00	51.00
	합계	624	32.7196	5.15909	.20653	32.3140	33.1251	12.00	51.00

분산분석

		제곱합	자유도	평균제곱	F	유의확률
수업목표	집단 간	44.332	4	11.083	1.115	.348
	집단 내	6380.021	642	9.938		
	합계	6424.352	646			
수업내용	집단 간	508.961	4	127.240	3.231	.012
	집단 내	23749.261	603	39.385		
	합계	24258.222	607			
수업방법	집단 간	175.021	4	43.755	1.651	.160
	집단 내	16406.900	619	26.505		
	합계	16581.921	623			

사후검정

다중 비교

종속변수		(I) 교육경력	(J) 교육경력	평균차 (I-J)	표준오차	유의확률	95% 신뢰구간	
							하한값	상한값
수업 목표	Scheffe	5년 미만	5 ~ 10	.66103	.32809	.399	-.3525	1.6746
			10 ~ 15	.25000	.41855	.986	-1.0430	1.5430
			15 ~ 20	.49808	.41473	.837	-.7831	1.7793
			20년 이상	.22525	.36632	.984	-.9064	1.3569
		5 ~ 10	5년 미만	-.66103	.32809	.399	-1.6746	.3525
			10 ~ 15	-.41103	.43275	.924	-1.7479	.9258
			15 ~ 20	-.16295	.42905	.998	-1.4884	1.1625
			20년 이상	-.43578	.38247	.862	-1.6173	.7457
		10 ~ 15	5년 미만	-.25000	.41855	.986	-1.5430	1.0430
			5 ~ 10	.41103	.43275	.924	-.9258	1.7479
			15 ~ 20	.24808	.50163	.993	-1.3016	1.7977
			20년 이상	-.02475	.46241	1.000	-1.4532	1.4037
		15 ~ 20	5년 미만	-.49808	.41473	.837	-1.7793	.7831
			5 ~ 10	.16295	.42905	.998	-1.1625	1.4884
			10 ~ 15	-.24808	.50163	.993	-1.7977	1.3016
			20년 이상	-.27283	.45895	.986	-1.6906	1.1450
		20년 이상	5년 미만	-.22525	.36632	.984	-1.3569	.9064
			5 ~ 10	.43578	.38247	.862	-.7457	1.6173
			10 ~ 15	.02475	.46241	1.000	-1.4037	1.4532
			15 ~ 20	.27283	.45895	.986	-1.1450	1.6906
	LSD	5년 미만	5 ~ 10	.66103(*)	.32809	.044	.0168	1.3053
			10 ~ 15	.25000	.41855	.551	-.5719	1.0719
			15 ~ 20	.49808	.41473	.230	-.3163	1.3125
			20년 이상	.22525	.36632	.539	-.4941	.9446
		5 ~ 10	5년 미만	-.66103(*)	.32809	.044	-1.3053	-.0168
			10 ~ 15	-.41103	.43275	.343	-1.2608	.4387
			15 ~ 20	-.16295	.42905	.704	-1.0055	.6796
			20년 이상	-.43578	.38247	.255	-1.1868	.3153
		10 ~ 15	5년 미만	-.25000	.41855	.551	-1.0719	.5719

			5 ~ 10	.41103	.43275	.343	-.4387	1.2608
			15 ~ 20	.24808	.50163	.621	-.7369	1.2331
			20년 이상	-.02475	.46241	.957	-.9328	.8833
		15 ~ 20	5년 미만	-.49808	.41473	.230	-1.3125	.3163
			5 ~ 10	.16295	.42905	.704	-.6796	1.0055
			10 ~ 15	-.24808	.50163	.621	-1.2331	.7369
			20년 이상	-.27283	.45895	.552	-1.1741	.6284
		20년 이상	5년 미만	-.22525	.36632	.539	-.9446	.4941
			5 ~ 10	.43578	.38247	.255	-.3153	1.1868
			10 ~ 15	.02475	.46241	.957	-.8833	.9328
			15 ~ 20	.27283	.45895	.552	-.6284	1.1741
수업 내용	Scheffe	5년 미만	5 ~ 10	2.27187(*)	.66830	.022	.2070	4.3368
			10 ~ 15	.63700	.86812	.970	-2.0453	3.3193
			15 ~ 20	.44271	.85932	.992	-2.2124	3.0979
			20년 이상	.29779	.75299	.997	-2.0288	2.6244
		5 ~ 10	5년 미만	-2.27187(*)	.66830	.022	-4.3368	-.2070
			10 ~ 15	-1.63487	.89578	.505	-4.4027	1.1329
			15 ~ 20	-1.82915	.88726	.374	-4.5706	.9123
			20년 이상	-1.97408	.78472	.177	-4.3987	.4506
		10 ~ 15	5년 미만	-.63700	.86812	.970	-3.3193	2.0453
			5 ~ 10	1.63487	.89578	.505	-1.1329	4.4027
			15 ~ 20	-.19429	1.04606	1.000	-3.4264	3.0378
			20년 이상	-.33921	.96063	.998	-3.3074	2.6289
		15 ~ 20	5년 미만	-.44271	.85932	.992	-3.0979	2.2124
			5 ~ 10	1.82915	.88726	.374	-.9123	4.5706
			10 ~ 15	.19429	1.04606	1.000	-3.0378	3.4264
			20년 이상	-.14492	.95269	1.000	-3.0885	2.7987
		20년 이상	5년 미만	-.29779	.75299	.997	-2.6244	2.0288
			5 ~ 10	1.97408	.78472	.177	-.4506	4.3987
			10 ~ 15	.33921	.96063	.998	-2.6289	3.3074
			15 ~ 20	.14492	.95269	1.000	-2.7987	3.0885
	LSD	5년 미만	5 ~ 10	2.27187(*)	.66830	.001	.9594	3.5843
			10 ~ 15	.63700	.86812	.463	-1.0679	2.3419
			15 ~ 20	.44271	.85932	.607	-1.2449	2.1303

			20년 이상	.29779	.75299	.693	-1.1810	1.7766
		5 ~ 10	5년 미만	-2.27187(*)	.66830	.001	-3.5843	-.9594
			10 ~ 15	-1.63487	.89578	.068	-3.3941	.1244
			15 ~ 20	-1.82915(*)	.88726	.040	-3.5716	-.0867
			20년 이상	-1.97408(*)	.78472	.012	-3.5152	-.4330
		10 ~ 15	5년 미만	-.63700	.86812	.463	-2.3419	1.0679
			5 ~ 10	1.63487	.89578	.068	-.1244	3.3941
			15 ~ 20	-.19429	1.04606	.853	-2.2487	1.8601
			20년 이상	-.33921	.96063	.724	-2.2258	1.5474
		15 ~ 20	5년 미만	-.44271	.85932	.607	-2.1303	1.2449
			5 ~ 10	1.82915(*)	.88726	.040	.0867	3.5716
			10 ~ 15	.19429	1.04606	.853	-1.8601	2.2487
			20년 이상	-.14492	.95269	.879	-2.0159	1.7261
		20년 이상	5년 미만	-.29779	.75299	.693	-1.7766	1.1810
			5 ~ 10	1.97408(*)	.78472	.012	.4330	3.5152
			10 ~ 15	.33921	.96063	.724	-1.5474	2.2258
			15 ~ 20	.14492	.95269	.879	-1.7261	2.0159
수업 방법	Scheffe	5년 미만	5 ~ 10	1.19751	.54561	.308	-.4882	2.8832
			10 ~ 15	.94793	.69865	.765	-1.2106	3.1064
			15 ~ 20	.52012	.69187	.967	-1.6174	2.6577
			20년 이상	-.04097	.60546	1.000	-1.9116	1.8296
		5 ~ 10	5년 미만	-1.19751	.54561	.308	-2.8832	.4882
			10 ~ 15	-.24957	.72522	.998	-2.4902	1.9910
			15 ~ 20	-.67738	.71869	.926	-2.8978	1.5430
			20년 이상	-1.23847	.63593	.436	-3.2032	.7263
		10 ~ 15	5년 미만	-.94793	.69865	.765	-3.1064	1.2106
			5 ~ 10	.24957	.72522	.998	-1.9910	2.4902
			15 ~ 20	-.42781	.84080	.992	-3.0255	2.1699
			20년 이상	-.98890	.77126	.801	-3.3717	1.3939
		15 ~ 20	5년 미만	-.52012	.69187	.967	-2.6577	1.6174
			5 ~ 10	.67738	.71869	.926	-1.5430	2.8978
			10 ~ 15	.42781	.84080	.992	-2.1699	3.0255
			20년 이상	-.56109	.76512	.970	-2.9250	1.8028

	20년 이상	5년 미만	.04097	.60546	1.000	-1.8296	1.9116
		5 ~ 10	1.23847	.63593	.436	-.7263	3.2032
		10 ~ 15	.98890	.77126	.801	-1.3939	3.3717
		15 ~ 20	.56109	.76512	.970	-1.8028	2.9250
LSD	5년 미만	5 ~ 10	1.19751(*)	.54561	.029	.1260	2.2690
		10 ~ 15	.94793	.69865	.175	-.4241	2.3199
		15 ~ 20	.52012	.69187	.452	-.8386	1.8788
		20년 이상	-.04097	.60546	.946	-1.2300	1.1480
	5 ~ 10	5년 미만	-1.19751(*)	.54561	.029	-2.2690	-.1260
		10 ~ 15	-.24957	.72522	.731	-1.6738	1.1746
		15 ~ 20	-.67738	.71869	.346	-2.0887	.7340
		20년 이상	-1.23847	.63593	.052	-2.4873	.0104
	10 ~ 15	5년 미만	-.94793	.69865	.175	-2.3199	.4241
		5 ~ 10	.24957	.72522	.731	-1.1746	1.6738
		15 ~ 20	-.42781	.84080	.611	-2.0790	1.2234
		20년 이상	-.98890	.77126	.200	-2.5035	.5257
	15 ~ 20	5년 미만	-.52012	.69187	.452	-1.8788	.8386
		5 ~ 10	.67738	.71869	.346	-.7340	2.0887
		10 ~ 15	.42781	.84080	.611	-1.2234	2.0790
		20년 이상	-.56109	.76512	.464	-2.0636	.9415
	20년 이상	5년 미만	.04097	.60546	.946	-1.1480	1.2300
		5 ~ 10	1.23847	.63593	.052	-.0104	2.4873
		10 ~ 15	.98890	.77126	.200	-.5257	2.5035
		15 ~ 20	.56109	.76512	.464	-.9415	2.0636

* .05 수준에서 평균차가 큽니다.

동일 집단군

수업목표

	교육경력	N	유의수준 = .05에 대한 부집단
			1
Tukey B(a,b)	5 ~ 10	166	12.5120
	15 ~ 20	80	12.6750
	10 ~ 15	78	12.9231
	20년 이상	115	12.9478
	5년 미만	208	13.1731
Scheffe(a,b)	5 ~ 10	166	12.5120
	15 ~ 20	80	12.6750
	10 ~ 15	78	12.9231
	20년 이상	115	12.9478
	5년 미만	208	13.1731
	유의확률		.654

동일 집단군에 있는 집단에 대한 평균이 표시됩니다.
a 조화평균 표본 크기 = 111.488을(를) 사용
b 집단 크기가 같지 않습니다. 집단크기의 조화평균이 사용됩니다. 제1종 오류 수준은 보장할 수 없습니다.

수업내용

	교육경력	N	유의수준 = .05에 대한 부집단
			1
Tukey B(a,b)	5 ~ 10	159	36.7736
	10 ~ 15	71	38.4085
	15 ~ 20	73	38.6027
	20년 이상	107	38.7477
	5년 미만	198	39.0455
Scheffe(a,b)	5 ~ 10	159	36.7736
	10 ~ 15	71	38.4085
	15 ~ 20	73	38.6027
	20년 이상	107	38.7477
	5년 미만	198	39.0455
	유의확률		.151

동일 집단군에 있는 집단에 대한 평균이 표시됩니다.
a 조화평균 표본 크기 = 103.159을(를) 사용
b 집단 크기가 같지 않습니다. 집단크기의 조화평균이 사용됩니다. 제1종 오류 수준은 보장할 수 없습니다.

수업방법

	교육경력	N	유의수준 = .05에 대한 부집단
			1
Tukey B(a,b)	5 ~ 10	158	31.9937
	10 ~ 15	74	32.2432
	15 ~ 20	76	32.6711
	5년 미만	204	33.1912
	20년 이상	112	33.2321
Scheffe(a,b)	5 ~ 10	158	31.9937
	10 ~ 15	74	32.2432
	15 ~ 20	76	32.6711
	5년 미만	204	33.1912
	20년 이상	112	33.2321
	유의확률		.543

동일 집단군에 있는 집단에 대한 평균이 표시됩니다.
a 조화평균 표본 크기 = 106.767을(를) 사용
b 집단 크기가 같지 않습니다. 집단크기의 조화평균이 사용됩니다. 제1종 오류 수준은 보장할 수 없습니다.

일원배치 분산분석

기술통계

		N	평균	표준편차	표준오차	평균에 대한 95% 신뢰구간		최소값	최대값
						하한값	상한값		
수업목표	60시간 미만	181	12.8232	2.77923	.20658	12.4156	13.2308	5.00	22.00
	60 ~ 120	130	12.1846	3.29384	.28889	11.6130	12.7562	5.00	19.00
	120	152	12.6579	3.02332	.24522	12.1734	13.1424	5.00	21.00
	121 ~ 180	59	13.1525	4.07606	.53066	12.0903	14.2148	5.00	23.00
	181시간 이상	88	13.9432	3.10490	.33098	13.2853	14.6010	5.00	20.00
	합계	610	12.8393	3.17685	.12863	12.5867	13.0920	5.00	23.00
수업내용	60시간 미만	174	37.1034	5.89412	.44683	36.2215	37.9854	23.00	52.00
	60 ~ 120	121	36.5372	5.92880	.53898	35.4700	37.6043	21.00	50.00
	120	148	38.3919	6.35314	.52222	37.3599	39.4239	14.00	55.00
	121 ~ 180	55	40.5091	7.65185	1.03178	38.4405	42.5777	25.00	58.00
	181시간 이상	76	40.9737	5.89457	.67615	39.6267	42.3207	27.00	53.00
	합계	574	38.1551	6.38432	.26648	37.6317	38.6784	14.00	58.00
수업방법	60시간 미만	176	32.2159	4.77122	.35964	31.5061	32.9257	16.00	44.00
	60 ~ 120	123	31.4228	5.01801	.45246	30.5271	32.3185	19.00	43.00
	120	147	32.4830	5.36650	.44262	31.6082	33.3578	12.00	44.00
	121 ~ 180	56	33.8571	6.35446	.84915	32.1554	35.5589	21.00	51.00
	181시간 이상	86	34.9767	4.73032	.51008	33.9626	35.9909	22.00	44.00
	합계	588	32.6769	5.24569	.21633	32.2520	33.1017	12.00	51.00

분산분석

		제곱합	자유도	평균제곱	F	유의확률
수업목표	집단 간	173.790	4	43.448	4.401	.002
	집단 내	5972.465	605	9.872		
	합계	6146.256	609			
수업내용	집단 간	1426.017	4	356.504	9.250	.000
	집단 내	21929.184	569	38.540		
	합계	23355.200	573			
수업방법	집단 간	769.276	4	192.319	7.289	.000
	집단 내	15383.330	583	26.387		
	합계	16152.605	587			

사후검정

다중 비교

종속 변수		(I) 연수경력	(J) 연수경력	평균차 (I-J)	표준 오차	유의 확률	95% 신뢰구간	
							하한값	상한값
수업 목표	Scheffe	60시간 미만	60 ~ 120	.63859	.36122	.538	-.4775	1.7547
			120	.16531	.34567	.994	-.9027	1.2333
			121 ~ 180	-.32934	.47102	.975	-1.7847	1.1260
			181시간 이상	-1.11998	.40831	.112	-2.3816	.1416
		60 ~ 120	60시간 미만	-.63859	.36122	.538	-1.7547	.4775
			120	-.47328	.37534	.811	-1.6330	.6864
			121 ~ 180	-.96793	.49321	.427	-2.4918	.5560
			181시간 이상	-1.75857(*)	.43372	.003	-3.0987	-.4185
		120	60시간 미만	-.16531	.34567	.994	-1.2333	.9027
			60 ~ 120	.47328	.37534	.811	-.6864	1.6330
			121 ~ 180	-.49465	.48194	.901	-1.9837	.9944
			181시간 이상	-1.28529	.42086	.055	-2.5857	.0151
		121 ~ 180	60시간 미만	.32934	.47102	.975	-1.1260	1.7847
			60 ~ 120	.96793	.49321	.427	-.5560	2.4918
			120	.49465	.48194	.901	-.9944	1.9837
			181시간 이상	-.79064	.52868	.692	-2.4241	.8428
		181시간 이상	60시간 미만	1.11998	.40831	.112	-.1416	2.3816
			60 ~ 120	1.75857(*)	.43372	.003	.4185	3.0987
			120	1.28529	.42086	.055	-.0151	2.5857
			121 ~ 180	.79064	.52868	.692	-.8428	2.4241
	LSD	60시간 미만	60 ~ 120	.63859	.36122	.078	-.0708	1.3480
			120	.16531	.34567	.633	-.5135	.8442
			121 ~ 180	-.32934	.47102	.485	-1.2544	.5957
			181시간 이상	-1.11998(*)	.40831	.006	-1.9219	-.3181
		60 ~ 120	60시간 미만	-.63859	.36122	.078	-1.3480	.0708
			120	-.47328	.37534	.208	-1.2104	.2639
			121 ~ 180	-.96793	.49321	.050	-1.9365	.0007
			181시간 이상	-1.75857(*)	.43372	.000	-2.6104	-.9068
		120	60시간 미만	-.16531	.34567	.633	-.8442	.5135

			60 ~ 120	.47328	.37534	.208	-.2639	1.2104
			121 ~ 180	-.49465	.48194	.305	-1.4411	.4518
			181시간 이상	-1.28529(*)	.42086	.002	-2.1118	-.4588
		121 ~ 180	60시간 미만	.32934	.47102	.485	-.5957	1.2544
			60 ~ 120	.96793	.49321	.050	-.0007	1.9365
			120	.49465	.48194	.305	-.4518	1.4411
			181시간 이상	-.79064	.52868	.135	-1.8289	.2476
		181시간 이상	60시간 미만	1.11998(*)	.40831	.006	.3181	1.9219
			60 ~ 120	1.75857(*)	.43372	.000	.9068	2.6104
			120	1.28529(*)	.42086	.002	.4588	2.1118
			121 ~ 180	.79064	.52868	.135	-.2476	1.8289
수업 내용	Scheffe	60시간 미만	60 ~ 120	.56626	.73485	.964	-1.7047	2.8372
			120	-1.28844	.69419	.487	-3.4337	.8569
			121 ~ 180	-3.40564(*)	.96032	.014	-6.3734	-.4379
			181시간 이상	-3.87024(*)	.85358	.000	-6.5081	-1.2324
		60 ~ 120	60시간 미만	-.56626	.73485	.964	-2.8372	1.7047
			120	-1.85470	.76087	.205	-4.2061	.4967
			121 ~ 180	-3.97190(*)	1.00957	.004	-7.0919	-.8519
			181시간 이상	-4.43649(*)	.90863	.000	-7.2445	-1.6285
		120	60시간 미만	1.28844	.69419	.487	-.8569	3.4337
			60 ~ 120	1.85470	.76087	.205	-.4967	4.2061
			121 ~ 180	-2.11720	.98037	.325	-5.1469	.9125
			181시간 이상	-2.58179	.87608	.071	-5.2892	.1256
		121 ~ 180	60시간 미만	3.40564(*)	.96032	.014	.4379	6.3734
			60 ~ 120	3.97190(*)	1.00957	.004	.8519	7.0919
			120	2.11720	.98037	.325	-.9125	5.1469
			181시간 이상	-.46459	1.09901	.996	-3.8609	2.9318
		181시간 이상	60시간 미만	3.87024(*)	.85358	.000	1.2324	6.5081
			60 ~ 120	4.43649(*)	.90863	.000	1.6285	7.2445
			120	2.58179	.87608	.071	-.1256	5.2892
			121 ~ 180	.46459	1.09901	.996	-2.9318	3.8609
	LSD	60시간 미만	60 ~ 120	.56626	.73485	.441	-.8771	2.0096
			120	-1.28844	.69419	.064	-2.6519	.0750
			121 ~ 180	-3.40564(*)	.96032	.000	-5.2919	-1.5194

			181시간 이상	-3.87024(*)	.85358	.000	-5.5468	-2.1937
		60 ~ 120	60시간 미만	-.56626	.73485	.441	-2.0096	.8771
			120	-1.85470(*)	.76087	.015	-3.3491	-.3603
			121 ~ 180	-3.97190(*)	1.00957	.000	-5.9548	-1.9890
			181시간 이상	-4.43649(*)	.90863	.000	-6.2212	-2.6518
		120	60시간 미만	1.28844	.69419	.064	-.0750	2.6519
			60 ~ 120	1.85470(*)	.76087	.015	.3603	3.3491
			121 ~ 180	-2.11720(*)	.98037	.031	-4.0428	-.1916
			181시간 이상	-2.58179(*)	.87608	.003	-4.3025	-.8611
		121 ~ 180	60시간 미만	3.40564(*)	.96032	.000	1.5194	5.2919
			60 ~ 120	3.97190(*)	1.00957	.000	1.9890	5.9548
			120	2.11720(*)	.98037	.031	.1916	4.0428
			181시간 이상	-.46459	1.09901	.673	-2.6232	1.6940
		181시간 이상	60시간 미만	3.87024(*)	.85358	.000	2.1937	5.5468
			60 ~ 120	4.43649(*)	.90863	.000	2.6518	6.2212
			120	2.58179(*)	.87608	.003	.8611	4.3025
			121 ~ 180	.46459	1.09901	.673	-1.6940	2.6232
수업 방법	Scheffe	60시간 미만	60 ~ 120	.79314	.60370	.786	-1.0723	2.6586
			120	-.26708	.57395	.995	-2.0407	1.5065
			121 ~ 180	-1.64123	.78811	.363	-4.0766	.7941
			181시간 이상	-2.76084(*)	.67583	.002	-4.8492	-.6724
		60 ~ 120	60시간 미만	-.79314	.60370	.786	-2.6586	1.0723
			120	-1.06023	.62771	.583	-2.9999	.8795
			121 ~ 180	-2.43438	.82808	.072	-4.9932	.1245
			181시간 이상	-3.55398(*)	.72204	.000	-5.7852	-1.3228
		120	60시간 미만	.26708	.57395	.995	-1.5065	2.0407
			60 ~ 120	1.06023	.62771	.583	-.8795	2.9999
			121 ~ 180	-1.37415	.80665	.575	-3.8668	1.1185
			181시간 이상	-2.49375(*)	.69737	.013	-4.6487	-.3388
		121 ~ 180	60시간 미만	1.64123	.78811	.363	-.7941	4.0766
			60 ~ 120	2.43438	.82808	.072	-.1245	4.9932
			120	1.37415	.80665	.575	-1.1185	3.8668
			181시간 이상	-1.11960	.88205	.807	-3.8452	1.6060
		181시간	60시간 미만	2.76084(*)	.67583	.002	.6724	4.8492

	이상	60 ~ 120	3.55398(*)	.72204	.000	1.3228	5.7852
		120	2.49375(*)	.69737	.013	.3388	4.6487
		121 ~ 180	1.11960	.88205	.807	-1.6060	3.8452
LSD	60시간 미만	60 ~ 120	.79314	.60370	.189	-.3925	1.9788
		120	-.26708	.57395	.642	-1.3944	.8602
		121 ~ 180	-1.64123(*)	.78811	.038	-3.1891	-.0934
		181시간 이상	-2.76084(*)	.67583	.000	-4.0882	-1.4335
	60 ~ 120	60시간 미만	-.79314	.60370	.189	-1.9788	.3925
		120	-1.06023	.62771	.092	-2.2931	.1726
		121 ~ 180	-2.43438(*)	.82808	.003	-4.0608	-.8080
		181시간 이상	-3.55398(*)	.72204	.000	-4.9721	-2.1359
	120	60시간 미만	.26708	.57395	.642	-.8602	1.3944
		60 ~ 120	1.06023	.62771	.092	-.1726	2.2931
		121 ~ 180	-1.37415	.80665	.089	-2.9584	.2101
		181시간 이상	-2.49375(*)	.69737	.000	-3.8634	-1.1241
	121 ~ 180	60시간 미만	1.64123(*)	.78811	.038	.0934	3.1891
		60 ~ 120	2.43438(*)	.82808	.003	.8080	4.0608
		120	1.37415	.80665	.089	-.2101	2.9584
		181시간 이상	-1.11960	.88205	.205	-2.8520	.6128
	181시간 이상	60시간 미만	2.76084(*)	.67583	.000	1.4335	4.0882
		60 ~ 120	3.55398(*)	.72204	.000	2.1359	4.9721
		120	2.49375(*)	.69737	.000	1.1241	3.8634
		121 ~ 180	1.11960	.88205	.205	-.6128	2.8520

* .05 수준에서 평균차가 큽니다.

동일 집단군

수업목표

	연수경력	N	유의수준 = .05에 대한 부집단	
			1	2
Tukey B(a,b)	60 ~ 120	130	12.1846	
	120	152	12.6579	
	60시간 미만	181	12.8232	
	121 ~ 180	59	13.1525	13.1525
	181시간 이상	88		13.9432
Scheffe(a,b)	60 ~ 120	130	12.1846	
	120	152	12.6579	12.6579
	60시간 미만	181	12.8232	12.8232
	121 ~ 180	59	13.1525	13.1525
	181시간 이상	88		13.9432
	유의확률		.296	.071

동일 집단군에 있는 집단에 대한 평균이 표시됩니다.
a 조화평균 표본 크기 = 103.931을(를) 사용
b 집단 크기가 같지 않습니다. 집단크기의 조화평균이 사용됩니다. 제1종 오류 수준은 보장할 수 없습니다.

수업내용

	연수경력	N	유의수준 = .05에 대한 부집단	
			1	2
Tukey B(a,b)	60 ~ 120	121	36.5372	
	60시간 미만	174	37.1034	
	120	148	38.3919	
	121 ~ 180	55		40.5091
	181시간 이상	76		40.9737
Scheffe(a,b)	60 ~ 120	121	36.5372	
	60시간 미만	174	37.1034	
	120	148	38.3919	38.3919
	121 ~ 180	55		40.5091
	181시간 이상	76		40.9737
	유의확률		.370	.083

동일 집단군에 있는 집단에 대한 평균이 표시됩니다.
a 조화평균 표본 크기 = 95.954을(를) 사용
b 집단 크기가 같지 않습니다. 집단크기의 조화평균이 사용됩니다. 제1종 오류 수준은 보장할 수 없습니다.

수업방법

	연수경력	N	유의수준 = .05에 대한 부집단		
			1	2	3
Tukey B(a,b)	60 ~ 120	123	31.4228		
	60시간 미만	176	32.2159	32.2159	
	120	147	32.4830	32.4830	
	121 ~ 180	56		33.8571	33.8571
	181시간 이상	86			34.9767
Scheffe(a,b)	60 ~ 120	123	31.4228		
	60시간 미만	176	32.2159	32.2159	
	120	147	32.4830	32.4830	
	121 ~ 180	56		33.8571	33.8571
	181시간 이상	86			34.9767
	유의확률		.713	.279	.668

동일 집단군에 있는 집단에 대한 평균이 표시됩니다.
a 조화평균 표본 크기 = 99.801을(를) 사용
b 집단 크기가 같지 않습니다. 집단크기의 조화평균이 사용됩니다. 제1종 오류 수준은 보장할 수 없습니다.

T-검정

집단통계량

	성별	N	평균	표준편차	평균의 표준오차
v1_1	남	136	2.88	.935	.080
	여	538	2.88	1.058	.046
v1_2	남	135	3.08	.993	.085
	여	531	3.16	.994	.043
v1_3	남	134	2.90	1.061	.092
	여	531	2.88	1.020	.044
v1_4	남	137	3.15	1.056	.090
	여	538	3.26	.999	.043
v1_5	남	136	3.01	1.232	.106
	여	536	2.89	1.129	.049
v1_6	남	136	3.11	1.073	.092
	여	532	2.79	1.023	.044
v1_7	남	137	2.76	1.228	.105
	여	534	2.69	1.092	.047
v1_8	남	137	4.11	1.211	.103
	여	537	4.08	1.187	.051
v1_9	남	136	2.11	1.203	.103
	여	533	2.11	1.128	.049
v1_10	남	136	2.51	1.247	.107
	여	531	2.29	1.154	.050

	성별	N	평균	표준편차	평균의 표준오차
v1_11	남	137	3.14	1.290	.110
	여	526	3.08	1.304	.057
v1_12	남	135	1.95	1.323	.114
	여	536	2.09	1.306	.056
v1_13	남	136	2.00	1.366	.117
	여	536	2.22	1.275	.055
v1_14	남	135	2.27	1.241	.107
	여	535	2.67	1.219	.053
v1_15	남	136	2.64	1.449	.124
	여	535	2.58	1.334	.058
v1_16	남	136	2.71	1.283	.110
	여	534	2.76	1.183	.051
v1_17	남	135	3.16	1.190	.102
	여	535	3.06	1.128	.049
v1_18	남	132	2.82	1.138	.099
	여	524	2.87	1.148	.050
v1_19	남	132	2.82	1.151	.100
	여	525	2.78	1.193	.052

독립표본 검정

		Levene의 등분산 검정		평균의 동일성에 대한 t-검정						
		F	유의확률	t	자유도	유의확률 (양쪽)	평균차	차이의 표준오차	차이의 95% 신뢰구간 하한	차이의 95% 신뢰구간 상한
v1_1	등분산이 가정됨	3.786	.052	-.024	672	.981	-.002	.099	-.197	.193
	등분산이 가정되지 않음			-.026	230.341	.979	-.002	.092	-.184	.179
v1_2	등분산이 가정됨	.504	.478	-.821	664	.412	-.079	.096	-.267	.109
	등분산이 가정되지 않음			-.821	207.540	.413	-.079	.096	-.267	.110
v1_3	등분산이 가정됨	.368	.544	.218	663	.828	.022	.099	-.174	.217
	등분산이 가정되지 않음			.212	199.555	.832	.022	.102	-.179	.222
v1_4	등분산이 가정됨	.295	.587	-1.106	673	.269	-.107	.097	-.297	.083
	등분산이 가정되지 않음			-1.069	202.287	.286	-.107	.100	-.304	.090
v1_5	등분산이 가정됨	1.717	.191	1.063	670	.288	.117	.111	-.100	.334
	등분산이 가정되지 않음			1.009	196.437	.314	.117	.116	-.112	.347
v1_6	등분산이 가정됨	.107	.744	3.195	666	.001	.317	.099	.122	.512
	등분산이 가정되지 않음			3.105	202.233	.002	.317	.102	.116	.518
v1_7	등분산이 가정됨	4.105	.043	.687	669	.492	.074	.107	-.137	.284
	등분산이 가정되지 않음			.641	194.702	.522	.074	.115	-.153	.301
v1_8	등분산이 가정됨	1.231	.268	.225	672	.822	.026	.114	-.198	.250
	등분산이 가정되지 않음			.223	207.711	.824	.026	.115	-.202	.253

v1_9	등분산이 가정됨	1.879	.171	-.021	667	.983	-.002	.110	-.218	.213
	등분산이 가정되지 않음			-.020	199.857	.984	-.002	.114	-.227	.223
v1_10	등분산이 가정됨	3.495	.062	1.893	665	.059	.214	.113	-.008	.435
	등분산이 가정되지 않음			1.808	198.300	.072	.214	.118	-.019	.446
v1_11	등분산이 가정됨	.092	.761	.502	661	.616	.063	.125	-.182	.308
	등분산이 가정되지 않음			.505	214.100	.614	.063	.124	-.182	.307
v1_12	등분산이 가정됨	.021	.885	-1.106	669	.269	-.140	.126	-.387	.108
	등분산이 가정되지 않음			-1.098	204.759	.274	-.140	.127	-.390	.111
v1_13	등분산이 가정됨	.429	.513	-1.757	670	.079	-.218	.124	-.462	.026
	등분산이 가정되지 않음			-1.686	198.784	.093	-.218	.129	-.474	.037
v1_14	등분산이 가정됨	.572	.450	-3.430	668	.001	-.404	.118	-.636	-.173
	등분산이 가정되지 않음			-3.395	204.201	.001	-.404	.119	-.639	-.170
v1_15	등분산이 가정됨	1.643	.200	.462	669	.644	.060	.130	-.196	.316
	등분산이 가정되지 않음			.440	197.156	.660	.060	.137	-.210	.330
v1_16	등분산이 가정됨	2.588	.108	-.454	668	.650	-.053	.116	-.280	.174
	등분산이 가정되지 않음			-.433	197.435	.665	-.053	.121	-.292	.187
v1_17	등분산이 가정됨	1.934	.165	.855	668	.393	.094	.110	-.122	.310
	등분산이 가정되지 않음			.828	199.043	.409	.094	.113	-.130	.318
v1_18	등분산이 가정됨	.239	.625	-.500	654	.617	-.056	.112	-.275	.163

	등분산이 가정되지 않음			-.503	203.479	.615	-.056	.111	-.275	.163
v1_19	등분산이 가정됨	1.469	.226	.306	655	.759	.035	.115	-.191	.262
	등분산이 가정되지 않음			.313	207.443	.755	.035	.113	-.187	.258

일원배치 분산분석

기술통계

		N	평균	표준편차	표준오차	평균에 대한 95% 신뢰구간		최소값	최대값
						하한값	상한값		
v1_1	수도권	194	3.18	1.196	.086	3.01	3.34	1	5
	충청권	124	2.83	.985	.088	2.66	3.01	1	5
	호남권	154	2.76	.848	.068	2.62	2.89	1	5
	영남권	172	2.75	1.004	.077	2.60	2.90	1	5
	제주권	35	2.66	.838	.142	2.37	2.95	1	5
	합계	679	2.88	1.035	.040	2.81	2.96	1	5
v1_2	수도권	193	3.24	1.202	.087	3.07	3.41	1	5
	충청권	120	2.95	.897	.082	2.79	3.11	1	5
	호남권	153	3.07	.800	.065	2.94	3.19	1	5
	영남권	170	3.18	.965	.074	3.04	3.33	1	5
	제주권	35	3.43	.778	.131	3.16	3.70	2	5
	합계	671	3.14	.992	.038	3.07	3.22	1	5
v1_3	수도권	191	3.07	1.117	.081	2.91	3.23	1	5
	충청권	120	2.87	.961	.088	2.69	3.04	1	5
	호남권	154	2.72	1.076	.087	2.55	2.89	1	5
	영남권	170	2.81	.917	.070	2.67	2.95	1	5
	제주권	35	3.09	.853	.144	2.79	3.38	1	4
	합계	670	2.89	1.026	.040	2.81	2.97	1	5
v1_4	수도권	194	3.26	1.132	.081	3.10	3.42	1	5
	충청권	123	3.07	.916	.083	2.91	3.24	1	5
	호남권	155	3.19	.903	.073	3.04	3.33	1	5
	영남권	173	3.31	1.025	.078	3.15	3.46	1	5
	제주권	35	3.57	.884	.149	3.27	3.88	1	5
	합계	680	3.24	1.009	.039	3.16	3.31	1	5
v1_5	수도권	193	3.18	1.264	.091	3.00	3.36	1	5
	충청권	123	2.85	1.124	.101	2.64	3.05	1	5
	호남권	154	2.79	1.108	.089	2.61	2.96	1	5
	영남권	172	2.82	1.064	.081	2.66	2.98	1	5
	제주권	35	2.66	.906	.153	2.35	2.97	1	4
	합계	677	2.91	1.148	.044	2.82	3.00	1	5

v1_6	수도권	191	2.75	1.081	.078	2.59	2.90	1	5
	충청권	122	3.02	1.004	.091	2.84	3.20	1	5
	호남권	154	2.85	.927	.075	2.70	3.00	1	5
	영남권	171	2.87	1.095	.084	2.70	3.03	1	5
	제주권	35	2.83	1.071	.181	2.46	3.20	1	5
	합계	673	2.85	1.038	.040	2.78	2.93	1	5
v1_7	수도권	193	2.33	1.174	.084	2.16	2.49	1	5
	충청권	122	2.85	1.155	.105	2.65	3.06	1	5
	호남권	155	2.86	.981	.079	2.71	3.02	1	5
	영남권	171	2.81	1.068	.082	2.65	2.97	1	5
	제주권	35	2.94	1.110	.188	2.56	3.32	1	5
	합계	676	2.70	1.121	.043	2.62	2.78	1	5
v1_8	수도권	192	4.19	1.174	.085	4.02	4.35	1	5
	충청권	124	4.05	1.154	.104	3.84	4.25	1	5
	호남권	155	4.02	1.209	.097	3.83	4.21	1	5
	영남권	172	4.03	1.235	.094	3.84	4.21	1	5
	제주권	35	4.29	1.100	.186	3.91	4.66	1	5
	합계	678	4.09	1.190	.046	4.00	4.18	1	5
v1_9	수도권	192	1.90	1.046	.076	1.75	2.05	1	5
	충청권	123	2.14	1.089	.098	1.94	2.33	1	5
	호남권	154	2.25	1.158	.093	2.07	2.44	1	5
	영남권	170	2.18	1.234	.095	2.00	2.37	1	5
	제주권	35	2.29	1.226	.207	1.86	2.71	1	5
	합계	674	2.12	1.144	.044	2.03	2.20	1	5
v1_10	수도권	191	2.44	1.203	.087	2.27	2.61	1	5
	충청권	122	2.41	1.066	.097	2.22	2.60	1	5
	호남권	152	2.32	1.285	.104	2.12	2.53	1	5
	영남권	172	2.22	1.107	.084	2.05	2.39	1	5
	제주권	35	2.17	1.200	.203	1.76	2.58	1	5
	합계	672	2.34	1.175	.045	2.25	2.43	1	5
v1_11	수도권	192	3.13	1.318	.095	2.94	3.32	1	5
	충청권	123	2.93	1.189	.107	2.71	3.14	1	5
	호남권	152	2.93	1.277	.104	2.72	3.13	1	5
	영남권	167	3.26	1.354	.105	3.06	3.47	1	5
	제주권	34	3.32	1.319	.226	2.86	3.78	1	5

	합계	668	3.09	1.300	.050	2.99	3.19	1	5
v1_12	수도권	192	1.90	1.232	.089	1.72	2.07	1	5
	충청권	124	2.02	1.269	.114	1.79	2.24	1	5
	호남권	153	2.28	1.398	.113	2.06	2.50	1	5
	영남권	172	2.16	1.350	.103	1.96	2.37	1	5
	제주권	35	1.86	1.309	.221	1.41	2.31	1	5
	합계	676	2.07	1.317	.051	1.97	2.17	1	5
v1_13	수도권	192	1.94	1.224	.088	1.77	2.12	1	5
	충청권	124	2.36	1.369	.123	2.12	2.61	1	5
	호남권	155	2.23	1.317	.106	2.02	2.43	1	5
	영남권	171	2.36	1.310	.100	2.16	2.56	1	5
	제주권	35	1.77	.973	.164	1.44	2.11	1	4
	합계	677	2.18	1.296	.050	2.08	2.28	1	5
v1_14	수도권	191	2.27	1.288	.093	2.08	2.45	1	5
	충청권	124	2.76	1.164	.105	2.55	2.97	1	5
	호남권	154	2.55	1.194	.096	2.36	2.74	1	5
	영남권	171	2.92	1.168	.089	2.75	3.10	1	5
	제주권	35	2.34	1.136	.192	1.95	2.73	1	4
	합계	675	2.59	1.231	.047	2.50	2.69	1	5
v1_15	수도권	191	2.39	1.352	.098	2.19	2.58	1	5
	충청권	123	2.40	1.240	.112	2.18	2.62	1	5
	호남권	155	3.04	1.362	.109	2.82	3.25	1	5
	영남권	172	2.62	1.352	.103	2.42	2.83	1	5
	제주권	35	2.34	1.327	.224	1.89	2.80	1	5
	합계	676	2.60	1.355	.052	2.49	2.70	1	5
v1_16	수도권	191	2.44	1.225	.089	2.26	2.61	1	5
	충청권	124	2.81	1.054	.095	2.63	3.00	1	5
	호남권	154	2.93	1.258	.101	2.73	3.13	1	5
	영남권	171	2.91	1.184	.091	2.73	3.09	1	5
	제주권	35	2.69	1.157	.196	2.29	3.08	1	5
	합계	675	2.75	1.203	.046	2.66	2.84	1	5
v1_17	수도권	192	3.04	1.269	.092	2.86	3.22	1	5
	충청권	124	3.14	1.046	.094	2.95	3.32	1	5
	호남권	155	3.23	1.108	.089	3.05	3.40	1	5
	영남권	169	3.00	1.069	.082	2.84	3.16	1	5

	제주권	35	2.89	1.157	.196	2.49	3.28	1	5
	합계	675	3.08	1.140	.044	3.00	3.17	1	5
v1_18	수도권	178	2.64	1.251	.094	2.46	2.83	1	5
	충청권	123	2.95	1.151	.104	2.75	3.16	1	5
	호남권	154	3.00	1.108	.089	2.82	3.18	1	5
	영남권	171	2.95	1.062	.081	2.79	3.11	1	5
	제주권	35	2.57	.884	.149	2.27	2.88	1	4
	합계	661	2.86	1.143	.044	2.77	2.95	1	5
v1_19	수도권	177	2.62	1.269	.095	2.43	2.81	1	5
	충청권	123	2.85	1.206	.109	2.64	3.07	1	5
	호남권	155	2.89	1.198	.096	2.70	3.08	1	5
	영남권	172	2.90	1.065	.081	2.73	3.06	1	5
	제주권	35	2.43	.948	.160	2.10	2.75	1	5
	합계	662	2.79	1.180	.046	2.70	2.88	1	5

분산분석

		제곱합	자유도	평균제곱	F	유의확률
v1_1	집단 간	24.078	4	6.019	5.782	.000
	집단 내	701.731	674	1.041		
	합계	725.809	678			
v1_2	집단 간	10.458	4	2.615	2.685	.031
	집단 내	648.519	666	.974		
	합계	658.978	670			
v1_3	집단 간	13.274	4	3.318	3.196	.013
	집단 내	690.553	665	1.038		
	합계	703.827	669			
v1_4	집단 간	8.517	4	2.129	2.106	.078
	집단 내	682.363	675	1.011		
	합계	690.881	679			
v1_5	집단 간	20.737	4	5.184	4.005	.003
	집단 내	869.945	672	1.295		
	합계	890.682	676			
v1_6	집단 간	5.382	4	1.346	1.251	.288

	집단 내	718.347	668	1.075		
	합계	723.730	672			
v1_7	집단 간	38.208	4	9.552	7.915	.000
	집단 내	809.832	671	1.207		
	합계	848.040	675			
v1_8	집단 간	4.791	4	1.198	.845	.497
	집단 내	953.899	673	1.417		
	합계	958.690	677			
v1_9	집단 간	13.590	4	3.397	2.620	.034
	집단 내	867.383	669	1.297		
	합계	880.973	673			
v1_10	집단 간	5.974	4	1.494	1.082	.364
	집단 내	920.346	667	1.380		
	합계	926.320	671			
v1_11	집단 간	14.472	4	3.618	2.157	.072
	집단 내	1112.139	663	1.677		
	합계	1126.611	667			
v1_12	집단 간	16.065	4	4.016	2.334	.054
	집단 내	1154.527	671	1.721		
	합계	1170.592	675			
v1_13	집단 간	26.825	4	6.706	4.068	.003
	집단 내	1107.828	672	1.649		
	합계	1134.653	676			
v1_14	집단 간	44.857	4	11.214	7.697	.000
	집단 내	976.106	670	1.457		
	합계	1020.963	674			
v1_15	집단 간	45.851	4	11.463	6.448	.000
	집단 내	1192.899	671	1.778		
	합계	1238.750	675			
v1_16	집단 간	28.135	4	7.034	4.971	.001
	집단 내	948.052	670	1.415		
	합계	976.187	674			
v1_17	집단 간	6.378	4	1.595	1.229	.297
	집단 내	868.976	670	1.297		
	합계	875.354	674			

v1_18	집단 간	17.022	4	4.256	3.304	.011
	집단 내	844.893	656	1.288		
	합계	861.915	660			
v1_19	집단 간	13.565	4	3.391	2.457	.044
	집단 내	906.827	657	1.380		
	합계	920.393	661			

일원배치 분산분석

기술통계

		N	평균	표준편차	표준오차	평균에 대한 95% 신뢰구간		최소값	최대값
						하한값	상한값		
v1_1	교대 졸	504	2.88	1.032	.046	2.79	2.98	1	5
	일반대 졸	37	3.11	1.100	.181	2.74	3.47	1	5
	교대 영어 심화과정	21	2.67	1.278	.279	2.08	3.25	1	5
	영어교육 석사	41	2.78	.759	.118	2.54	3.02	1	5
	영어교육 박사	71	2.89	1.115	.132	2.62	3.15	1	5
	일반 박사	2	3.00	.000	.000	3.00	3.00	3	3
	합계	676	2.88	1.036	.040	2.81	2.96	1	5
v1_2	교대 졸	497	3.10	1.007	.045	3.01	3.19	1	5
	일반대 졸	36	3.25	.906	.151	2.94	3.56	1	5
	교대 영어 심화과정	21	3.24	.889	.194	2.83	3.64	1	5
	영어교육 석사	41	3.59	.836	.131	3.32	3.85	1	5
	영어교육 박사	71	3.10	.988	.117	2.86	3.33	1	5
	일반 박사	2	4.50	.707	.500	-1.85	10.85	4	5
	합계	668	3.15	.993	.038	3.07	3.22	1	5
v1_3	교대 졸	497	2.81	1.009	.045	2.73	2.90	1	5
	일반대 졸	37	3.24	1.038	.171	2.90	3.59	1	5
	교대 영어 심화과정	21	3.29	.956	.209	2.85	3.72	1	5
	영어교육 석사	40	3.23	1.050	.166	2.89	3.56	1	5
	영어교육 박사	70	2.93	1.054	.126	2.68	3.18	1	5
	일반 박사	2	3.50	2.121	1.500	-15.56	22.56	2	5
	합계	667	2.89	1.027	.040	2.81	2.97	1	5
v1_4	교대 졸	505	3.15	.987	.044	3.07	3.24	1	5
	일반대 졸	37	3.57	.899	.148	3.27	3.87	1	5
	교대 영어 심화과정	21	3.38	.805	.176	3.01	3.75	2	4
	영어교육 석사	41	3.54	1.142	.178	3.18	3.90	1	5
	영어교육 박사	71	3.44	1.105	.131	3.18	3.70	1	5
	일반 박사	2	4.00	1.414	1.000	-8.71	16.71	3	5
	합계	677	3.24	1.009	.039	3.16	3.31	1	5

v1_5	교대 졸	504	2.90	1.119	.050	2.80	3.00	1	5
	일반대 졸	36	3.14	1.073	.179	2.78	3.50	1	5
	교대 영어 심화과정	21	2.57	1.121	.245	2.06	3.08	1	5
	영어교육 석사	41	2.88	1.187	.185	2.50	3.25	1	5
	영어교육 박사	70	3.01	1.324	.158	2.70	3.33	1	5
	일반 박사	2	3.00	2.828	2.000	-22.41	28.41	1	5
	합계	674	2.92	1.148	.044	2.83	3.00	1	5
v1_6	교대 졸	500	2.87	1.035	.046	2.78	2.96	1	5
	일반대 졸	36	2.78	.866	.144	2.48	3.07	1	5
	교대 영어 심화과정	21	2.90	1.136	.248	2.39	3.42	1	5
	영어교육 석사	41	2.73	1.141	.178	2.37	3.09	1	5
	영어교육 박사	70	2.86	1.067	.128	2.60	3.11	1	5
	일반 박사	2	2.50	2.121	1.500	-16.56	21.56	1	4
	합계	670	2.86	1.040	.040	2.78	2.93	1	5
v1_7	교대 졸	501	2.62	1.090	.049	2.52	2.71	1	5
	일반대 졸	37	2.73	1.018	.167	2.39	3.07	1	5
	교대 영어 심화과정	21	2.81	.981	.214	2.36	3.26	1	5
	영어교육 석사	41	3.17	1.243	.194	2.78	3.56	1	5
	영어교육 박사	71	2.90	1.232	.146	2.61	3.19	1	5
	일반 박사	2	5.00	.000	.000	5.00	5.00	5	5
	합계	673	2.70	1.121	.043	2.62	2.79	1	5
v1_8	교대 졸	503	4.08	1.186	.053	3.97	4.18	1	5
	일반대 졸	37	4.30	1.024	.168	3.96	4.64	1	5
	교대 영어 심화과정	21	3.76	1.261	.275	3.19	4.34	1	5
	영어교육 석사	41	3.71	1.419	.222	3.26	4.16	1	5
	영어교육 박사	71	4.32	1.106	.131	4.06	4.59	1	5
	일반 박사	2	5.00	.000	.000	5.00	5.00	5	5
	합계	675	4.09	1.192	.046	4.00	4.18	1	5
v1_9	교대 졸	502	2.05	1.110	.050	1.96	2.15	1	5
	일반대 졸	36	2.03	.971	.162	1.70	2.36	1	4
	교대 영어 심화과정	21	2.52	1.167	.255	1.99	3.06	1	5
	영어교육 석사	40	2.80	1.381	.218	2.36	3.24	1	5
	영어교육 박사	70	2.09	1.213	.145	1.80	2.37	1	5

	일반 박사	2	3.00	.000	.000	3.00	3.00	3	3
	합계	671	2.12	1.146	.044	2.03	2.20	1	5
v1_10	교대 졸	499	2.34	1.170	.052	2.24	2.44	1	5
	일반대 졸	37	2.27	1.097	.180	1.90	2.64	1	5
	교대 영어 심화과정	21	2.24	.889	.194	1.83	2.64	1	4
	영어교육 석사	41	1.95	1.071	.167	1.61	2.29	1	5
	영어교육 박사	69	2.57	1.323	.159	2.25	2.88	1	5
	일반 박사	2	3.00	2.828	2.000	-22.41	28.41	1	5
	합계	669	2.33	1.177	.045	2.25	2.42	1	5
v1_11	교대 졸	496	3.10	1.290	.058	2.99	3.22	1	5
	일반대 졸	35	3.43	1.092	.185	3.05	3.80	1	5
	교대 영어 심화과정	20	3.10	1.071	.240	2.60	3.60	1	5
	영어교육 석사	41	2.83	1.302	.203	2.42	3.24	1	5
	영어교육 박사	71	2.97	1.512	.179	2.61	3.33	1	5
	일반 박사	2	3.50	2.121	1.500	-15.56	22.56	2	5
	합계	665	3.09	1.303	.051	2.99	3.19	1	5
v1_12	교대 졸	502	2.00	1.264	.056	1.89	2.11	1	5
	일반대 졸	36	2.03	1.253	.209	1.60	2.45	1	5
	교대 영어 심화과정	21	2.48	1.250	.273	1.91	3.05	1	5
	영어교육 석사	41	2.51	1.485	.232	2.04	2.98	1	5
	영어교육 박사	71	2.23	1.569	.186	1.85	2.60	1	5
	일반 박사	2	2.50	2.121	1.500	-16.56	21.56	1	4
	합계	673	2.07	1.318	.051	1.97	2.17	1	5
v1_13	교대 졸	503	2.13	1.269	.057	2.02	2.24	1	5
	일반대 졸	37	2.49	1.325	.218	2.04	2.93	1	5
	교대 영어 심화과정	21	2.43	1.121	.245	1.92	2.94	1	5
	영어교육 석사	41	2.44	1.433	.224	1.99	2.89	1	5
	영어교육 박사	70	2.24	1.429	.171	1.90	2.58	1	5
	일반 박사	2	1.00	.000	.000	1.00	1.00	1	1
	합계	674	2.18	1.296	.050	2.09	2.28	1	5
v1_14	교대 졸	501	2.54	1.235	.055	2.44	2.65	1	5
	일반대 졸	37	2.51	1.216	.200	2.11	2.92	1	5
	교대 영어 심화과정	21	2.86	.964	.210	2.42	3.30	1	5

	영어교육 석사	41	2.85	1.195	.187	2.48	3.23	1	5
	영어교육 박사	70	2.70	1.278	.153	2.40	3.00	1	5
	일반 박사	2	4.50	.707	.500	-1.85	10.85	4	5
	합계	672	2.59	1.232	.048	2.50	2.69	1	5
v1_15	교대 졸	503	2.47	1.291	.058	2.35	2.58	1	5
	일반대 졸	36	2.64	1.313	.219	2.19	3.08	1	5
	교대 영어 심화과정	21	3.29	1.454	.317	2.62	3.95	1	5
	영어교육 석사	41	3.54	1.286	.201	3.13	3.94	1	5
	영어교육 박사	70	2.71	1.524	.182	2.35	3.08	1	5
	일반 박사	2	5.00	.000	.000	5.00	5.00	5	5
	합계	673	2.60	1.355	.052	2.50	2.70	1	5
v1_16	교대 졸	502	2.63	1.147	.051	2.53	2.73	1	5
	일반대 졸	37	2.86	1.337	.220	2.42	3.31	1	5
	교대 영어 심화과정	21	3.14	1.062	.232	2.66	3.63	1	5
	영어교육 석사	41	3.56	1.343	.210	3.14	3.98	1	5
	영어교육 박사	69	2.91	1.245	.150	2.61	3.21	1	5
	일반 박사	2	5.00	.000	.000	5.00	5.00	5	5
	합계	672	2.75	1.204	.046	2.66	2.84	1	5
v1_17	교대 졸	501	3.03	1.134	.051	2.93	3.13	1	5
	일반대 졸	37	3.03	1.093	.180	2.66	3.39	1	5
	교대 영어 심화과정	21	3.00	1.000	.218	2.54	3.46	2	5
	영어교육 석사	41	3.41	1.161	.181	3.05	3.78	1	5
	영어교육 박사	70	3.26	1.212	.145	2.97	3.55	1	5
	일반 박사	2	4.00	1.414	1.000	-8.71	16.71	3	5
	합계	672	3.08	1.141	.044	2.99	3.17	1	5
v1_18	교대 졸	490	2.81	1.122	.051	2.71	2.91	1	5
	일반대 졸	37	3.00	1.106	.182	2.63	3.37	1	5
	교대 영어 심화과정	20	3.10	1.071	.240	2.60	3.60	1	5
	영어교육 석사	40	3.10	1.150	.182	2.73	3.47	1	5
	영어교육 박사	69	2.88	1.266	.152	2.58	3.19	1	5
	일반 박사	2	5.00	.000	.000	5.00	5.00	5	5
	합계	658	2.86	1.142	.045	2.77	2.95	1	5

v1_19	교대 졸	491	2.70	1.154	.052	2.60	2.81	1	5
	일반대 졸	37	2.65	1.111	.183	2.28	3.02	1	5
	교대 영어 심화과정	20	3.25	1.070	.239	2.75	3.75	1	5
	영어교육 석사	40	3.55	1.218	.193	3.16	3.94	1	5
	영어교육 박사	69	2.81	1.228	.148	2.52	3.11	1	5
	일반 박사	2	5.00	.000	.000	5.00	5.00	5	5
	합계	659	2.79	1.183	.046	2.70	2.88	1	5

분산분석

		제곱합	자유도	평균제곱	F	유의확률
v1_1	집단 간	3.317	5	.663	.616	.688
	집단 내	721.683	670	1.077		
	합계	725.000	675			
v1_2	집단 간	13.332	5	2.666	2.740	.018
	집단 내	644.290	662	.973		
	합계	657.623	667			
v1_3	집단 간	16.044	5	3.209	3.091	.009
	집단 내	686.184	661	1.038		
	합계	702.228	666			
v1_4	집단 간	15.759	5	3.152	3.143	.008
	집단 내	672.953	671	1.003		
	합계	688.712	676			
v1_5	집단 간	5.119	5	1.024	.776	.567
	집단 내	881.060	668	1.319		
	합계	886.180	673			
v1_6	집단 간	1.255	5	.251	.231	.949
	집단 내	721.702	664	1.087		
	합계	722.957	669			
v1_7	집단 간	26.135	5	5.227	4.258	.001
	집단 내	818.834	667	1.228		
	합계	844.969	672			
v1_8	집단 간	15.464	5	3.093	2.197	.053
	집단 내	941.552	669	1.407		
	합계	957.016	674			

v1_9	집단 간	26.055	5	5.211	4.059	.001
	집단 내	853.644	665	1.284		
	합계	879.699	670			
v1_10	집단 간	10.949	5	2.190	1.588	.161
	집단 내	914.050	663	1.379		
	합계	924.999	668			
v1_11	집단 간	8.210	5	1.642	.968	.437
	집단 내	1118.376	659	1.697		
	합계	1126.586	664			
v1_12	집단 간	16.084	5	3.217	1.864	.099
	집단 내	1151.349	667	1.726		
	합계	1167.432	672			
v1_13	집단 간	11.975	5	2.395	1.429	.211
	집단 내	1119.212	668	1.675		
	합계	1131.187	673			
v1_14	집단 간	13.718	5	2.744	1.819	.107
	집단 내	1004.376	666	1.508		
	합계	1018.094	671			
v1_15	집단 간	67.199	5	13.440	7.686	.000
	집단 내	1166.281	667	1.749		
	합계	1233.480	672			
v1_16	집단 간	49.943	5	9.989	7.203	.000
	집단 내	923.555	666	1.387		
	합계	973.499	671			
v1_17	집단 간	9.876	5	1.975	1.523	.180
	집단 내	863.785	666	1.297		
	합계	873.661	671			
v1_18	집단 간	14.697	5	2.939	2.275	.046
	집단 내	842.440	652	1.292		
	합계	857.137	657			
v1_19	집단 간	41.446	5	8.289	6.159	.000
	집단 내	878.812	653	1.346		
	합계	920.258	658			

일원배치 분산분석

기술통계

		N	평균	표준편차	표준오차	평균에 대한 95% 신뢰구간		최소값	최대값
						하한값	상한값		
v1_1	5년 미만	210	2.70	.940	.065	2.57	2.82	1	5
	5 ~ 10	172	2.97	1.110	.085	2.80	3.14	1	5
	10 ~ 15	81	2.83	1.202	.134	2.56	3.09	1	5
	15 ~ 20	86	2.92	.948	.102	2.72	3.12	1	5
	20년 이상	122	3.12	.958	.087	2.95	3.29	1	5
	합계	671	2.89	1.033	.040	2.81	2.97	1	5
v1_2	5년 미만	208	3.12	.906	.063	3.00	3.24	1	5
	5 ~ 10	170	3.18	1.124	.086	3.01	3.35	1	5
	10 ~ 15	79	3.10	1.057	.119	2.86	3.34	1	5
	15 ~ 20	86	3.15	.988	.107	2.94	3.36	1	5
	20년 이상	121	3.19	.897	.082	3.03	3.35	1	5
	합계	664	3.15	.991	.038	3.08	3.23	1	5
v1_3	5년 미만	207	2.84	.980	.068	2.71	2.97	1	5
	5 ~ 10	170	2.98	1.043	.080	2.82	3.13	1	5
	10 ~ 15	79	2.94	1.042	.117	2.70	3.17	1	5
	15 ~ 20	85	2.84	1.078	.117	2.60	3.07	1	5
	20년 이상	121	2.88	1.029	.094	2.69	3.06	1	5
	합계	662	2.89	1.024	.040	2.81	2.97	1	5
v1_4	5년 미만	210	3.12	.877	.061	3.00	3.24	1	5
	5 ~ 10	173	3.28	1.064	.081	3.12	3.44	1	5
	10 ~ 15	80	3.49	1.055	.118	3.25	3.72	1	5
	15 ~ 20	87	3.18	1.116	.120	2.95	3.42	1	5
	20년 이상	122	3.26	1.019	.092	3.08	3.44	1	5
	합계	672	3.24	1.010	.039	3.16	3.32	1	5
v1_5	5년 미만	210	2.75	1.020	.070	2.61	2.89	1	5
	5 ~ 10	171	3.01	1.274	.097	2.82	3.20	1	5
	10 ~ 15	80	3.09	1.214	.136	2.82	3.36	1	5
	15 ~ 20	87	2.78	1.214	.130	2.52	3.04	1	5
	20년 이상	121	3.05	1.048	.095	2.86	3.24	1	5
	합계	669	2.91	1.149	.044	2.83	3.00	1	5

v1_6	5년 미만	209	2.83	.985	.068	2.69	2.96	1	5
	5 ~ 10	171	2.80	1.088	.083	2.64	2.97	1	5
	10 ~ 15	80	2.84	1.195	.134	2.57	3.10	1	5
	15 ~ 20	86	2.72	1.013	.109	2.50	2.94	1	5
	20년 이상	119	3.10	.951	.087	2.93	3.27	1	5
	합계	665	2.86	1.041	.040	2.78	2.94	1	5
v1_7	5년 미만	209	2.75	1.027	.071	2.61	2.89	1	5
	5 ~ 10	173	2.52	1.129	.086	2.35	2.69	1	5
	10 ~ 15	79	2.66	1.280	.144	2.37	2.94	1	5
	15 ~ 20	86	2.87	1.196	.129	2.62	3.13	1	5
	20년 이상	121	2.78	1.076	.098	2.58	2.97	1	5
	합계	668	2.70	1.120	.043	2.61	2.78	1	5
v1_8	5년 미만	210	3.81	1.191	.082	3.65	3.97	1	5
	5 ~ 10	172	4.13	1.137	.087	3.96	4.30	1	5
	10 ~ 15	80	4.11	1.322	.148	3.82	4.41	1	5
	15 ~ 20	87	4.09	1.369	.147	3.80	4.38	1	5
	20년 이상	121	4.50	.905	.082	4.33	4.66	1	5
	합계	670	4.09	1.193	.046	4.00	4.18	1	5
v1_9	5년 미만	209	2.39	1.126	.078	2.24	2.55	1	5
	5 ~ 10	168	2.11	1.084	.084	1.94	2.27	1	5
	10 ~ 15	81	2.12	1.218	.135	1.85	2.39	1	5
	15 ~ 20	86	1.94	1.192	.129	1.69	2.20	1	5
	20년 이상	122	1.74	1.027	.093	1.55	1.92	1	5
	합계	666	2.11	1.139	.044	2.02	2.20	1	5
v1_10	5년 미만	210	2.25	1.096	.076	2.10	2.40	1	5
	5 ~ 10	170	2.12	1.147	.088	1.95	2.30	1	5
	10 ~ 15	79	2.23	1.176	.132	1.96	2.49	1	5
	15 ~ 20	83	2.59	1.250	.137	2.32	2.86	1	5
	20년 이상	122	2.66	1.231	.111	2.44	2.88	1	5
	합계	664	2.33	1.179	.046	2.24	2.42	1	5
v1_11	5년 미만	208	3.08	1.169	.081	2.92	3.24	1	5
	5 ~ 10	170	3.13	1.322	.101	2.93	3.33	1	5
	10 ~ 15	81	3.09	1.543	.171	2.75	3.43	1	5
	15 ~ 20	84	2.87	1.287	.140	2.59	3.15	1	5
	20년 이상	118	3.26	1.323	.122	3.02	3.50	1	5

	합계	661	3.10	1.302	.051	3.00	3.20	1	5
v1_12	5년 미만	210	2.30	1.301	.090	2.12	2.47	1	5
	5 ~ 10	171	1.86	1.185	.091	1.68	2.04	1	5
	10 ~ 15	80	1.95	1.377	.154	1.64	2.26	1	5
	15 ~ 20	85	2.20	1.478	.160	1.88	2.52	1	5
	20년 이상	122	1.98	1.301	.118	1.74	2.21	1	5
	합계	668	2.07	1.315	.051	1.97	2.17	1	5
v1_13	5년 미만	210	2.32	1.233	.085	2.16	2.49	1	5
	5 ~ 10	173	2.06	1.254	.095	1.88	2.25	1	5
	10 ~ 15	80	2.16	1.364	.152	1.86	2.47	1	5
	15 ~ 20	84	2.19	1.410	.154	1.88	2.50	1	5
	20년 이상	122	2.11	1.316	.119	1.87	2.34	1	5
	합계	669	2.18	1.293	.050	2.08	2.28	1	5
v1_14	5년 미만	210	2.72	1.076	.074	2.58	2.87	1	5
	5 ~ 10	173	2.43	1.230	.094	2.24	2.61	1	5
	10 ~ 15	81	2.59	1.358	.151	2.29	2.89	1	5
	15 ~ 20	83	2.60	1.297	.142	2.32	2.89	1	5
	20년 이상	120	2.61	1.349	.123	2.36	2.85	1	5
	합계	667	2.60	1.233	.048	2.50	2.69	1	5
v1_15	5년 미만	209	3.02	1.256	.087	2.85	3.19	1	5
	5 ~ 10	172	2.38	1.277	.097	2.19	2.58	1	5
	10 ~ 15	81	2.33	1.475	.164	2.01	2.66	1	5
	15 ~ 20	84	2.57	1.400	.153	2.27	2.88	1	5
	20년 이상	122	2.41	1.371	.124	2.16	2.66	1	5
	합계	668	2.60	1.356	.052	2.50	2.71	1	5
v1_16	5년 미만	210	3.02	1.132	.078	2.87	3.17	1	5
	5 ~ 10	173	2.54	1.198	.091	2.36	2.72	1	5
	10 ~ 15	80	2.66	1.292	.144	2.37	2.95	1	5
	15 ~ 20	84	2.88	1.134	.124	2.63	3.13	1	5
	20년 이상	120	2.59	1.260	.115	2.36	2.82	1	5
	합계	667	2.76	1.207	.047	2.67	2.85	1	5
v1_17	5년 미만	210	3.08	1.102	.076	2.93	3.23	1	5
	5 ~ 10	172	2.85	1.129	.086	2.68	3.02	1	5
	10 ~ 15	80	3.14	1.250	.140	2.86	3.42	1	5
	15 ~ 20	84	3.36	1.094	.119	3.12	3.59	1	5

	20년 이상	121	3.22	1.136	.103	3.02	3.43	1	5
	합계	667	3.09	1.141	.044	3.00	3.18	1	5
v1_18	5년 미만	203	3.06	1.047	.073	2.91	3.20	1	5
	5 ~ 10	171	2.78	1.186	.091	2.60	2.96	1	5
	10 ~ 15	79	2.66	1.260	.142	2.38	2.94	1	5
	15 ~ 20	80	2.95	1.078	.121	2.71	3.19	1	5
	20년 이상	120	2.76	1.167	.107	2.55	2.97	1	5
	합계	653	2.87	1.143	.045	2.78	2.96	1	5
v1_19	5년 미만	203	2.92	1.050	.074	2.78	3.07	1	5
	5 ~ 10	171	2.56	1.189	.091	2.38	2.74	1	5
	10 ~ 15	79	2.71	1.370	.154	2.40	3.02	1	5
	15 ~ 20	81	2.91	1.237	.137	2.64	3.19	1	5
	20년 이상	120	2.88	1.171	.107	2.66	3.09	1	5
	합계	654	2.79	1.181	.046	2.70	2.88	1	5

분산분석

		제곱합	자유도	평균제곱	F	유의확률
v1_1	집단 간	16.101	4	4.025	3.838	.004
	집단 내	698.516	666	1.049		
	합계	714.617	670			
v1_2	집단 간	.745	4	.186	.189	.944
	집단 내	650.195	659	.987		
	합계	650.940	663			
v1_3	집단 간	2.222	4	.556	.528	.715
	집단 내	691.163	657	1.052		
	합계	693.385	661			
v1_4	집단 간	8.313	4	2.078	2.050	.086
	집단 내	676.115	667	1.014		
	합계	684.427	671			
v1_5	집단 간	13.603	4	3.401	2.600	.035
	집단 내	868.541	664	1.308		
	합계	882.143	668			
v1_6	집단 간	9.410	4	2.353	2.187	.069
	집단 내	710.019	660	1.076		

	합계	719.429	664			
v1_7	집단 간	9.440	4	2.360	1.892	.110
	집단 내	827.079	663	1.247		
	합계	836.519	667			
v1_8	집단 간	36.738	4	9.184	6.675	.000
	집단 내	915.067	665	1.376		
	합계	951.804	669			
v1_9	집단 간	36.018	4	9.005	7.197	.000
	집단 내	826.980	661	1.251		
	합계	862.998	665			
v1_10	집단 간	28.722	4	7.181	5.301	.000
	집단 내	892.722	659	1.355		
	합계	921.444	663			
v1_11	집단 간	7.875	4	1.969	1.163	.326
	집단 내	1110.733	656	1.693		
	합계	1118.608	660			
v1_12	집단 간	21.898	4	5.474	3.210	.013
	집단 내	1130.653	663	1.705		
	합계	1152.551	667			
v1_13	집단 간	7.379	4	1.845	1.104	.354
	집단 내	1109.736	664	1.671		
	합계	1117.115	668			
v1_14	집단 간	8.350	4	2.088	1.376	.241
	집단 내	1004.355	662	1.517		
	합계	1012.705	666			
v1_15	집단 간	54.987	4	13.747	7.785	.000
	집단 내	1170.677	663	1.766		
	합계	1225.665	667			
v1_16	집단 간	28.035	4	7.009	4.922	.001
	집단 내	942.618	662	1.424		
	합계	970.654	666			
v1_17	집단 간	18.339	4	4.585	3.573	.007
	집단 내	849.442	662	1.283		
	합계	867.781	666			
v1_18	집단 간	14.087	4	3.522	2.724	.029

	집단 내	837.849	648	1.293		
	합계	851.936	652			
v1_19	집단 간	15.516	4	3.879	2.814	.025
	집단 내	894.785	649	1.379		
	합계	910.301	653			

일원배치 분산분석

기술통계

		N	평균	표준편차	표준오차	평균에 대한 95% 신뢰구간		최소값	최대값
						하한값	상한값		
v1_1	60시간 미만	184	2.89	1.135	.084	2.73	3.06	1	5
	60 ~ 120	136	2.99	1.089	.093	2.80	3.17	1	5
	120	162	2.77	.975	.077	2.61	2.92	1	5
	121 ~ 180	61	3.02	.940	.120	2.78	3.26	1	5
	181시간 이상	90	2.88	.885	.093	2.69	3.06	1	5
	합계	633	2.89	1.034	.041	2.81	2.97	1	5
v1_2	60시간 미만	183	3.15	1.079	.080	3.00	3.31	1	5
	60 ~ 120	134	2.89	.978	.085	2.72	3.06	1	5
	120	159	3.10	.956	.076	2.95	3.25	1	5
	121 ~ 180	61	3.30	.882	.113	3.07	3.52	2	5
	181시간 이상	90	3.57	.794	.084	3.40	3.73	2	5
	합계	627	3.16	.989	.040	3.08	3.23	1	5
v1_3	60시간 미만	181	2.83	1.128	.084	2.67	3.00	1	5
	60 ~ 120	133	2.76	.994	.086	2.59	2.93	1	5
	120	161	2.91	1.036	.082	2.75	3.07	1	5
	121 ~ 180	61	3.07	.998	.128	2.81	3.32	1	5
	181시간 이상	89	3.13	.882	.093	2.95	3.32	1	5
	합계	625	2.90	1.035	.041	2.82	2.98	1	5
v1_4	60시간 미만	186	3.06	1.035	.076	2.91	3.21	1	5
	60 ~ 120	136	2.99	1.025	.088	2.81	3.16	1	5
	120	161	3.24	.920	.073	3.10	3.39	1	5
	121 ~ 180	61	3.67	.978	.125	3.42	3.92	2	5
	181시간 이상	90	3.70	.942	.099	3.50	3.90	1	5
	합계	634	3.24	1.019	.040	3.16	3.32	1	5
v1_5	60시간 미만	185	3.05	1.204	.088	2.87	3.22	1	5
	60 ~ 120	136	2.89	1.165	.100	2.69	3.09	1	5
	120	161	2.78	1.029	.081	2.62	2.94	1	5
	121 ~ 180	61	2.84	1.200	.154	2.53	3.14	1	5
	181시간 이상	89	3.00	1.148	.122	2.76	3.24	1	5
	합계	632	2.92	1.146	.046	2.83	3.01	1	5

v1_6	60시간 미만	183	2.71	1.021	.075	2.56	2.86	1	5
	60 ~ 120	136	2.74	1.013	.087	2.56	2.91	1	5
	120	160	2.91	1.039	.082	2.74	3.07	1	5
	121 ~ 180	61	2.92	1.229	.157	2.60	3.23	1	5
	181시간 이상	87	3.07	1.021	.109	2.85	3.29	1	5
	합계	627	2.84	1.050	.042	2.75	2.92	1	5
v1_7	60시간 미만	185	2.48	1.114	.082	2.32	2.64	1	5
	60 ~ 120	135	2.54	1.138	.098	2.35	2.73	1	5
	120	161	2.84	1.010	.080	2.69	3.00	1	5
	121 ~ 180	60	2.82	1.200	.155	2.51	3.13	1	5
	181시간 이상	89	3.04	1.177	.125	2.80	3.29	1	5
	합계	630	2.70	1.127	.045	2.61	2.79	1	5
v1_8	60시간 미만	186	3.89	1.258	.092	3.71	4.07	1	5
	60 ~ 120	135	4.09	1.243	.107	3.88	4.30	1	5
	120	162	4.30	1.058	.083	4.14	4.47	1	5
	121 ~ 180	60	4.28	1.010	.130	4.02	4.54	2	5
	181시간 이상	89	4.09	1.302	.138	3.82	4.36	1	5
	합계	632	4.10	1.198	.048	4.01	4.20	1	5
v1_9	60시간 미만	184	2.17	1.146	.085	2.01	2.34	1	5
	60 ~ 120	135	2.06	1.091	.094	1.87	2.24	1	5
	120	160	1.93	1.079	.085	1.76	2.09	1	5
	121 ~ 180	60	1.98	1.112	.144	1.70	2.27	1	5
	181시간 이상	89	2.40	1.277	.135	2.14	2.67	1	5
	합계	628	2.10	1.141	.046	2.01	2.19	1	5
v1_10	60시간 미만	183	2.20	1.185	.088	2.03	2.38	1	5
	60 ~ 120	134	2.51	1.187	.103	2.30	2.71	1	5
	120	161	2.29	1.057	.083	2.12	2.45	1	5
	121 ~ 180	60	2.50	1.228	.159	2.18	2.82	1	5
	181시간 이상	88	2.25	1.225	.131	1.99	2.51	1	5
	합계	626	2.32	1.167	.047	2.23	2.42	1	5
v1_11	60시간 미만	184	3.10	1.274	.094	2.92	3.29	1	5
	60 ~ 120	133	2.98	1.308	.113	2.76	3.21	1	5
	120	157	3.06	1.292	.103	2.85	3.26	1	5
	121 ~ 180	59	3.03	1.326	.173	2.69	3.38	1	5
	181시간 이상	90	3.26	1.387	.146	2.97	3.55	1	5

	합계	623	3.08	1.306	.052	2.98	3.18	1	5
v1_12	60시간 미만	184	2.17	1.331	.098	1.98	2.37	1	5
	60 ~ 120	135	1.90	1.158	.100	1.71	2.10	1	5
	120	160	1.91	1.273	.101	1.71	2.10	1	5
	121 ~ 180	61	2.25	1.567	.201	1.84	2.65	1	5
	181시간 이상	90	2.23	1.399	.147	1.94	2.53	1	5
	합계	630	2.06	1.321	.053	1.96	2.17	1	5
v1_13	60시간 미만	186	2.07	1.252	.092	1.89	2.25	1	5
	60 ~ 120	134	2.10	1.213	.105	1.89	2.30	1	5
	120	160	2.17	1.301	.103	1.97	2.38	1	5
	121 ~ 180	61	2.31	1.478	.189	1.93	2.69	1	5
	181시간 이상	90	2.39	1.313	.138	2.11	2.66	1	5
	합계	631	2.17	1.289	.051	2.07	2.27	1	5
v1_14	60시간 미만	186	2.42	1.215	.089	2.24	2.60	1	5
	60 ~ 120	132	2.33	1.175	.102	2.12	2.53	1	5
	120	161	2.75	1.230	.097	2.56	2.94	1	5
	121 ~ 180	61	2.67	1.261	.161	2.35	3.00	1	5
	181시간 이상	89	2.99	1.239	.131	2.73	3.25	1	5
	합계	629	2.59	1.237	.049	2.49	2.69	1	5
v1_15	60시간 미만	185	2.64	1.352	.099	2.45	2.84	1	5
	60 ~ 120	133	2.33	1.260	.109	2.11	2.55	1	5
	120	161	2.50	1.295	.102	2.30	2.70	1	5
	121 ~ 180	61	2.77	1.499	.192	2.39	3.15	1	5
	181시간 이상	90	2.93	1.452	.153	2.63	3.24	1	5
	합계	630	2.60	1.358	.054	2.49	2.70	1	5
v1_16	60시간 미만	186	2.66	1.204	.088	2.48	2.83	1	5
	60 ~ 120	134	2.52	1.168	.101	2.32	2.72	1	5
	120	160	2.73	1.121	.089	2.55	2.90	1	5
	121 ~ 180	60	3.13	1.282	.165	2.80	3.46	1	5
	181시간 이상	89	2.93	1.277	.135	2.66	3.20	1	5
	합계	629	2.73	1.204	.048	2.64	2.82	1	5
v1_17	60시간 미만	186	3.02	1.208	.089	2.85	3.20	1	5
	60 ~ 120	133	3.11	1.064	.092	2.93	3.30	1	5
	120	161	3.11	1.107	.087	2.94	3.28	1	5
	121 ~ 180	60	3.12	1.121	.145	2.83	3.41	1	5

	181시간 이상	89	3.22	1.194	.127	2.97	3.48	1	5
	합계	629	3.10	1.141	.045	3.01	3.19	1	5
v1_18	60시간 미만	183	2.86	1.147	.085	2.70	3.03	1	5
	60 ~ 120	132	2.73	1.049	.091	2.55	2.91	1	5
	120	158	2.97	1.134	.090	2.80	3.15	1	5
	121 ~ 180	60	2.90	1.231	.159	2.58	3.22	1	5
	181시간 이상	84	2.81	1.237	.135	2.54	3.08	1	5
	합계	617	2.86	1.144	.046	2.77	2.95	1	5
v1_19	60시간 미만	184	2.67	1.107	.082	2.51	2.83	1	5
	60 ~ 120	132	2.63	1.188	.103	2.42	2.83	1	5
	120	158	2.66	1.121	.089	2.49	2.84	1	5
	121 ~ 180	60	3.07	1.219	.157	2.75	3.38	1	5
	181시간 이상	84	3.18	1.282	.140	2.90	3.46	1	5
	합계	618	2.77	1.178	.047	2.68	2.86	1	5

분산분석

		제곱합	자유도	평균제곱	F	유의확률
v1_1	집단 간	4.737	4	1.184	1.107	.352
	집단 내	671.522	628	1.069		
	합계	676.259	632			
v1_2	집단 간	26.467	4	6.617	7.021	.000
	집단 내	586.215	622	.942		
	합계	612.683	626			
v1_3	집단 간	9.996	4	2.499	2.351	.053
	집단 내	659.051	620	1.063		
	합계	669.046	624			
v1_4	집단 간	45.343	4	11.336	11.647	.000
	집단 내	612.215	629	.973		
	합계	657.558	633			
v1_5	집단 간	7.225	4	1.806	1.378	.240
	집단 내	821.660	627	1.310		
	합계	828.884	631			
v1_6	집단 간	10.189	4	2.547	2.330	.055
	집단 내	679.891	622	1.093		

	합계	690.080	626			
v1_7	집단 간	27.067	4	6.767	5.481	.000
	집단 내	771.631	625	1.235		
	합계	798.698	629			
v1_8	집단 간	17.109	4	4.277	3.016	.018
	집단 내	889.206	627	1.418		
	합계	906.315	631			
v1_9	집단 간	15.198	4	3.799	2.953	.020
	집단 내	801.482	623	1.286		
	합계	816.680	627			
v1_10	집단 간	9.802	4	2.451	1.809	.125
	집단 내	841.369	621	1.355		
	합계	851.171	625			
v1_11	집단 간	4.279	4	1.070	.626	.644
	집단 내	1056.546	618	1.710		
	합계	1060.825	622			
v1_12	집단 간	14.272	4	3.568	2.059	.085
	집단 내	1083.188	625	1.733		
	합계	1097.460	629			
v1_13	집단 간	8.114	4	2.028	1.222	.300
	집단 내	1039.401	626	1.660		
	합계	1047.515	630			
v1_14	집단 간	33.399	4	8.350	5.622	.000
	집단 내	926.776	624	1.485		
	합계	960.175	628			
v1_15	집단 간	23.253	4	5.813	3.197	.013
	집단 내	1136.533	625	1.818		
	합계	1159.786	629			
v1_16	집단 간	20.214	4	5.053	3.544	.007
	집단 내	889.840	624	1.426		
	합계	910.054	628			
v1_17	집단 간	2.589	4	.647	.496	.739
	집단 내	814.899	624	1.306		
	합계	817.488	628			
v1_18	집단 간	4.715	4	1.179	.899	.464

	집단 내	802.018	612	1.310		
	합계	806.733	616			
v1_19	집단 간	25.389	4	6.347	4.685	.001
	집단 내	830.522	613	1.355		
	합계	855.911	617			

교차분석

케이스 처리 요약

	케이스					
	유효		결측		전체	
	N	퍼센트	N	퍼센트	N	퍼센트
수행평가척도표 * 권역별	654	95.3%	32	4.7%	686	100.0%
수행평가척도표 * 지역	651	94.9%	35	5.1%	686	100.0%
수행평가척도표 * 성별	649	94.6%	37	5.4%	686	100.0%
수행평가척도표 * 학력	651	94.9%	35	5.1%	686	100.0%
수행평가척도표 * 교육경력	646	94.2%	40	5.8%	686	100.0%
수행평가척도표 * 연수경력	610	88.9%	76	11.1%	686	100.0%
수업모형 * 권역별	609	88.8%	77	11.2%	686	100.0%
수업모형 * 지역	606	88.3%	80	11.7%	686	100.0%
수업모형 * 성별	604	88.0%	82	12.0%	686	100.0%
수업모형 * 학력	606	88.3%	80	11.7%	686	100.0%
수업모형 * 교육경력	603	87.9%	83	12.1%	686	100.0%
수업모형 * 연수경력	566	82.5%	120	17.5%	686	100.0%

권역별 수행평가척도표

교차표

			권역별					전체
			수도권	충청권	호남권	영남권	제주권	
수행평가척도표	교사	빈도	126	107	114	149	31	527
		권역별의 %	71.2%	89.2%	75.0%	87.1%	91.2%	80.6%
	교사와 학생	빈도	42	12	34	21	3	112
		권역별의 %	23.7%	10.0%	22.4%	12.3%	8.8%	17.1%
	교사와 학생 그리고 학부모	빈도	9	1	4	1	0	15
		권역별의 %	5.1%	.8%	2.6%	.6%	.0%	2.3%
전체		빈도	177	120	152	171	34	654
		권역별의 %	100.0%	100.0%	100.0%	100.0%	100.0%	100.0%

카이제곱 검정

	값	자유도	점근 유의확률 (양측검정)
Pearson 카이제곱	29.386(a)	8	.000
우도비	30.395	8	.000
선형 대 선형결합	12.828	1	.000
유효 케이스 수	654		

a 5 셀 (33.3%)은(는) 5보다 작은 기대 빈도를 가지는 셀입니다. 최소 기대빈도는 .78입니다.

지역별 수행평가척도표

교차표

			지역				전체
			특별시	광역시	시	군(읍,면)	
수행평가척도표	교사	빈도	32	233	203	58	526
		지역의 %	88.9%	80.1%	84.6%	69.0%	80.8%
	교사와 학생	빈도	3	51	34	22	110
		지역의 %	8.3%	17.5%	14.2%	26.2%	16.9%
	교사와 학생 그리고 학부모	빈도	1	7	3	4	15
		지역의 %	2.8%	2.4%	1.3%	4.8%	2.3%
전체		빈도	36	291	240	84	651
		지역의 %	100.0%	100.0%	100.0%	100.0%	100.0%

카이제곱 검정

	값	자유도	점근 유의확률 (양측검정)
Pearson 카이제곱	12.562(a)	6	.051
우도비	12.129	6	.059
선형 대 선형결합	2.617	1	.106
유효 케이스 수	651		

a 2 셀 (16.7%)은(는) 5보다 작은 기대 빈도를 가지는 셀입니다. 최소 기대빈도는 .83입니다.

성별 수행평가척도표

교차표

			성별		전체
			남	여	
수행평가척도표	교사	빈도	102	420	522
		성별의 %	78.5%	80.9%	80.4%
	교사와 학생	빈도	25	87	112
		성별의 %	19.2%	16.8%	17.3%
	교사와 학생 그리고 학부모	빈도	3	12	15
		성별의 %	2.3%	2.3%	2.3%
전체		빈도	130	519	649
		성별의 %	100.0%	100.0%	100.0%

카이제곱 검정

	값	자유도	점근 유의확률 (양측검정)
Pearson 카이제곱	.445(a)	2	.800
우도비	.436	2	.804
선형 대 선형결합	.289	1	.591
유효 케이스 수	649		

a 1 셀 (16.7%)은(는) 5보다 작은 기대 빈도를 가지는 셀입니다. 최소 기대빈도는 3.00입니다.

학력별 수행평가척도표

교차표

			학력						전체
			교대 졸	일반대 졸	교대 영어 심화과정	영어교육 석사	영어교육 박사	일반 박사	
수행평가척도표	교사	빈도	393	24	17	35	54	2	525
		학력의 %	80.9%	64.9%	85.0%	89.7%	80.6%	100.0%	80.6%
	교사와 학생	빈도	79	13	3	3	13	0	111
		학력의 %	16.3%	35.1%	15.0%	7.7%	19.4%	.0%	17.1%
	교사와 학생 그리고 학부모	빈도	14	0	0	1	0	0	15
		학력의 %	2.9%	.0%	.0%	2.6%	.0%	.0%	2.3%
전체		빈도	486	37	20	39	67	2	651
		학력의 %	100.0%	100.0%	100.0%	100.0%	100.0%	100.0%	100.0%

카이제곱 검정

	값	자유도	점근 유의확률 (양측검정)
Pearson 카이제곱	15.190(a)	10	.125
우도비	17.277	10	.068
선형 대 선형결합	.977	1	.323
유효 케이스 수	651		

a 8 셀 (44.4%)은(는) 5보다 작은 기대 빈도를 가지는 셀입니다. 최소 기대빈도는 .05입니다.

교육경력별 수행평가척도표

교차표

			교육경력					전체
			5년 미만	5 ~ 10	10 ~ 15	15 ~ 20	20년 이상	
수행평가척도표	교사	빈도	151	138	63	66	101	519
		교육경력의 %	74.8%	81.2%	82.9%	83.5%	84.9%	80.3%
	교사와 학생	빈도	44	26	12	13	17	112
		교육경력의 %	21.8%	15.3%	15.8%	16.5%	14.3%	17.3%
	교사와 학생 그리고 학부모	빈도	7	6	1	0	1	15
		교육경력의 %	3.5%	3.5%	1.3%	.0%	.8%	2.3%
전체		빈도	202	170	76	79	119	646
		교육경력의 %	100.0%	100.0%	100.0%	100.0%	100.0%	100.0%

카이제곱 검정

	값	자유도	점근 유의확률 (양측검정)
Pearson 카이제곱	10.253(a)	8	.248
우도비	12.118	8	.146
선형 대 선형결합	6.926	1	.008
유효 케이스 수	646		

a 5 셀 (33.3%)은(는) 5보다 작은 기대 빈도를 가지는 셀입니다. 최소 기대빈도는 1.76입니다.

연수경력별 수행평가척도표

교차표

			연수경력					전체
			60시간 미만	60 ~ 120	120	121 ~ 180	181시간 이상	
수행평가척도표	교사	빈도	126	105	135	50	75	491
		연수경력의 %	69.6%	81.4%	86.5%	84.7%	88.2%	80.5%
	교사와 학생	빈도	47	23	18	9	9	106
		연수경력의 %	26.0%	17.8%	11.5%	15.3%	10.6%	17.4%
	교사와 학생 그리고 학부모	빈도	8	1	3	0	1	13
		연수경력의 %	4.4%	.8%	1.9%	.0%	1.2%	2.1%
전체		빈도	181	129	156	59	85	610
		연수경력의 %	100.0%	100.0%	100.0%	100.0%	100.0%	100.0%

카이제곱 검정

	값	자유도	점근 유의확률 (양측검정)
Pearson 카이제곱	24.531(a)	8	.002
우도비	25.019	8	.002
선형 대 선형결합	16.548	1	.000
유효 케이스 수	610		

a 5 셀 (33.3%)은(는) 5보다 작은 기대 빈도를 가지는 셀입니다. 최소 기대빈도는 1.26입니다.

권역별 수업모형

교차표

			권역별					전체
			수도권	충청권	호남권	영남권	제주권	
수업모형	ppp 수업모형	빈도	28	10	11	5	1	55
		권역별의 %	17.4%	8.8%	7.7%	3.0%	3.6%	9.0%
	상황 중심 수업모형	빈도	75	48	70	79	12	284
		권역별의 %	46.6%	42.5%	49.0%	48.2%	42.9%	46.6%
	과제 중심 수업모형	빈도	40	38	40	52	10	180
		권역별의 %	24.8%	33.6%	28.0%	31.7%	35.7%	29.6%
	TPR	빈도	18	17	22	28	5	90
		권역별의 %	11.2%	15.0%	15.4%	17.1%	17.9%	14.8%
전체		빈도	161	113	143	164	28	609
		권역별의 %	100.0%	100.0%	100.0%	100.0%	100.0%	100.0%

카이제곱 검정

	값	자유도	점근 유의확률 (양측검정)
Pearson 카이제곱	25.719(a)	12	.012
우도비	25.712	12	.012
선형 대 선형결합	11.811	1	.001
유효 케이스 수	609		

a 2 셀 (10.0%)은(는) 5보다 작은 기대 빈도를 가지는 셀입니다. 최소 기대빈도는 2.53입니다.

지역별 수업모형

교차표

			지역				전체
			특별시	광역시	시	군(읍,면)	
수업모형	ppp 수업모형	빈도	1	37	6	9	53
		지역의 %	3.1%	13.3%	2.8%	11.3%	8.7%
	상황 중심 수업모형	빈도	18	116	109	40	283
		지역의 %	56.3%	41.7%	50.5%	50.0%	46.7%
	과제 중심 수업모형	빈도	12	85	60	23	180
		지역의 %	37.5%	30.6%	27.8%	28.8%	29.7%
	TPR	빈도	1	40	41	8	90
		지역의 %	3.1%	14.4%	19.0%	10.0%	14.9%
전체		빈도	32	278	216	80	606
		지역의 %	100.0%	100.0%	100.0%	100.0%	100.0%

카이제곱 검정

	값	자유도	점근 유의확률 (양측검정)
Pearson 카이제곱	27.857(a)	9	.001
우도비	31.832	9	.000
선형 대 선형결합	.283	1	.595
유효 케이스 수	606		

a 2 셀 (12.5%)은(는) 5보다 작은 기대 빈도를 가지는 셀입니다. 최소 기대빈도는 2.80입니다.

성별 수업모형

교차표

			성별		전체
			남	여	
수업모형	ppp 수업모형	빈도	10	44	54
		성별의 %	7.9%	9.2%	8.9%
	상황 중심 수업모형	빈도	60	220	280
		성별의 %	47.6%	46.0%	46.4%
	과제 중심 수업모형	빈도	38	142	180
		성별의 %	30.2%	29.7%	29.8%
	TPR	빈도	18	72	90
		성별의 %	14.3%	15.1%	14.9%
전체		빈도	126	478	604
		성별의 %	100.0%	100.0%	100.0%

카이제곱 검정

	값	자유도	점근 유의확률 (양측검정)
Pearson 카이제곱	.281(a)	3	.963
우도비	.287	3	.963
선형 대 선형결합	.000	1	.984
유효 케이스 수	604		

a 0 셀 (.0%)은(는) 5보다 작은 기대 빈도를 가지는 셀입니다. 최소 기대빈도는 11.26입니다.

학력별 수업모형

교차표

			학력						전체
			교대 졸	일반대 졸	교대 영어 심화과정	영어교육 석사	영어교육 박사	일반 박사	
수업모형	ppp 수업모형	빈도	41	4	3	3	4	0	55
		학력의 %	9.0%	12.1%	16.7%	7.7%	6.7%	.0%	9.1%
	상황중심 수업모형	빈도	208	18	4	13	37	1	281
		학력의 %	45.8%	54.5%	22.2%	33.3%	61.7%	50.0%	46.4%
	과제중심 수업모형	빈도	133	8	8	19	11	1	180
		학력의 %	29.3%	24.2%	44.4%	48.7%	18.3%	50.0%	29.7%
	TPR	빈도	72	3	3	4	8	0	90
		학력의 %	15.9%	9.1%	16.7%	10.3%	13.3%	.0%	14.9%
전체		빈도	454	33	18	39	60	2	606
		학력의 %	100.0%	100.0%	100.0%	100.0%	100.0%	100.0%	100.0%

카이제곱 검정

	값	자유도	점근 유의확률 (양측검정)
Pearson 카이제곱	20.703(a)	15	.147
우도비	20.975	15	.138
선형 대 선형결합	.404	1	.525
유효 케이스 수	606		

a 9 셀 (37.5%)은(는) 5보다 작은 기대 빈도를 가지는 셀입니다. 최소 기대빈도는 .18입니다.

교육경력별 수업모형

교차표

			교육경력					전체
			5년 미만	5 ~ 10	10 ~ 15	15 ~ 20	20년 이상	
수업모형	ppp 수업모형	빈도	23	16	5	4	5	53
		교육경력의 %	11.9%	10.1%	7.2%	5.5%	4.6%	8.8%
	상황 중심 수업모형	빈도	70	72	37	38	64	281
		교육경력의 %	36.3%	45.3%	53.6%	52.1%	58.7%	46.6%
	과제 중심 수업모형	빈도	68	41	22	21	27	179
		교육경력의 %	35.2%	25.8%	31.9%	28.8%	24.8%	29.7%
	TPR	빈도	32	30	5	10	13	90
		교육경력의 %	16.6%	18.9%	7.2%	13.7%	11.9%	14.9%
전체		빈도	193	159	69	73	109	603
		교육경력의 %	100.0%	100.0%	100.0%	100.0%	100.0%	100.0%

카이제곱 검정

	값	자유도	점근 유의확률 (양측검정)
Pearson 카이제곱	24.139(a)	12	.019
우도비	25.115	12	.014
선형 대 선형결합	1.747	1	.186
유효 케이스 수	603		

a 0 셀 (.0%)은(는) 5보다 작은 기대 빈도를 가지는 셀입니다. 최소 기대빈도는 6.06입니다.

연수경력별 수업모형

교차표

			연수경력					전체
			60시간 미만	60 ~ 120	120	121 ~ 180	181시간 이상	
수업모형	ppp 수업모형	빈도	32	10	6	1	3	52
		연수경력의 %	18.6%	8.5%	4.2%	1.8%	3.8%	9.2%
	상황 중심 수업모형	빈도	67	64	65	34	36	266
		연수경력의 %	39.0%	54.7%	45.1%	61.8%	46.2%	47.0%
	과제 중심 수업모형	빈도	52	31	49	13	23	168
		연수경력의 %	30.2%	26.5%	34.0%	23.6%	29.5%	29.7%
	TPR	빈도	21	12	24	7	16	80
		연수경력의 %	12.2%	10.3%	16.7%	12.7%	20.5%	14.1%
전체		빈도	172	117	144	55	78	566
		연수경력의 %	100.0%	100.0%	100.0%	100.0%	100.0%	100.0%

카이제곱 검정

	값	자유도	점근 유의확률 (양측검정)
Pearson 카이제곱	39.497(a)	12	.000
우도비	38.687	12	.000
선형 대 선형결합	9.024	1	.003
유효 케이스 수	566		

a 0 셀 (.0%)은(는) 5보다 작은 기대 빈도를 가지는 셀입니다. 최소 기대빈도는 5.05입니다.

저자 소개

저자 김영철

공주교육대학교 영어교육과 교수(영어교육 박사)

〈논문〉

2008a. 교사와 학습자가 공유한 루브릭이 초등영어 말하기 능력에 미치는 영향—*Studies in English Education*, 13(1), 66~98(김영철 외 1인).

2008b. 제7차 초등영어 교육과정의 발전적 고찰에 관한 연구: 교사 중심으로—*Foreign Languages Education*, 15(2), 273~318.

2008c. Improving English expressive power, reading comprehension, and geographical insight through geographical content—*Studies in English Education*, 13(2), 1~20(Kim, Young-cheol 외 2인).

2005. 초등영어 사교육이 학습자들의 정의적 영역에 미치는 영향: 설문조사와 심층면담을 통하여—영어영문학연구, 31(3), 91~124(김영철 외 1인).

2004a. 다양한 활동의 단계별, 수준별 통합적 읽기·쓰기 지도가 학습자들의 문자 언어 향상에 미치는 영향—*Foreign Languages Education*, 11(2), 297~ 324.

2004b. 제7차 초등영어 교육과정의 현황에 관한 연구: 교사와 장학사 중심 설문 조사를 통하여—초등영어교육, 10(1), 5~41.

2002a. 초등영어 교실에 적용할 수 있는 평가의 방향—*Foreign Languages Education*, 9(3), 265~287.

2002b. 통합적인 초등영어 읽기, 쓰기 교수·학습에 관한 연구—*Studies in English Education*, 7(2), 37~58.

2001. Grammatical conditioning and teaching English double object constructions to Korean students—*Foreign Languages Education*, 8(1), 97~118.

〈저서〉
2006. 교과 교차적 통합 초등영어 지도방법(김영철 외 1인, 경진문화사)
2005. 초등영어교육론(한국문화사)
2003. 초등영어 PELT Level Test 1급, 2급, 3급(김영철 외 3인)
2003. 초등영어 PELT Standard Book 1급, 2급, 3급(김영철 외 3인)
2009. 초등영어 통합교과 지도방법(김영철 외 1인, 글로벌콘텐츠)

학회활동 (현재):
글로벌영어교육학회 부회장, 편집위원장
한국초등영어교육학회 편집위원
팬코리아영어교육학회 편집위원
대한영어영문학회 이사